고인이 되신
부모님을 기억하며
이 책을 바칩니다

⋮

Special Thanks

정영미 님 · 이미영 님
장미애 님 · 장현정 님
김미경 님 · 김도연 님

코로나를
애도하다

코로나를 애도하다

———

2022년 10월 24일 1쇄 찍음
2022년 10월 31일 1쇄 펴냄

지은이   양준석
펴낸곳   솔트앤씨드
펴낸이   최소영

등록일   2014년 4월 7일 등록번호 제2014-000115호
전화   070-8119-1192
팩스   02-374-1191
이메일   saltnseed@naver.com
ISBN   979-11-88947-09-6 03180

* 이 책은 한국출판문화산업진흥원의 '2022년 인문 교육 콘텐츠 개발 지원 사업'을 통해 발간된 도서입니다.

몸과 마음의 조화 솔트씨드

솔트는 정제된 정보를, 씨드는 곧 다가올 미래를 상징합니다.

솔트앤씨드는 독자와 함께 항상 깨어서 세상을 바라보겠습니다.

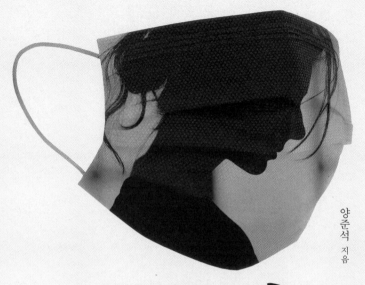

양준석 지음

코로나를 애도하다

솔트앤드

생사인문학 관점에서
코로나를 사유하다

역병이 돌았다

거리가 텅 비고 마을이 죽은 듯 고요하였다

나는 매일 집 뒤 야트막한 언덕의 등성이나 걸었다

검은 마스크를 쓴 중년의 여인이 힐끔힐끔 지나갔다

흰 마스크를 쓴 청년이 빠르게 스쳐갔다

마스크를 쓰지 않은 나무 위에서

마스크를 쓰지 않은 지박구리들이 수다를 떨었다

마스크를 쓰지 않은 커다란 개 한 마리를 데리고

마스크를 쓴 중늙은이가 지나갔다

마스크를 쓰지 않은 바람이 우우우

떼로 지나갔다

마스크를 쓴 노인 셋이 느릿느릿 지나갔다

_이경림, '2020 투르게네프의 언덕' 중에서, 〈문학사상〉

　이 시는 윤동주의 시 '투르게네프의 언덕'을 이경림 시인이 코로나 19(COVID-19)로 바뀐 우리네 삶을 마스크의 시대로 변형한 것이다. 팬데믹(pandemic)[1]이 불러온 일상의 변화와 사회적 단절감을 잘 표현해주고 있는 듯하다.

　일상회복을 강조하는 위드코로나(With Corona)[2]에 대한 바람과 좀 더 완화된 코로나19 팬데믹(이하 코로나19) 대처방식으로 뉴노멀(New Normal)에 대한 희망이 생겼지만, 여전히 코로나19는 우리 사회의 주요한 위기의 근원이며 공포 그 자체이다. 현대과학과 의료기술이 발달하고 다양한 백신과 치료제 개발에 노력을 기울임에도 불구하고 매일 감염자 수와 접종자 수를 확인해야 하는 것이 현실이다. 또한 계

1　'코로나 바이러스(corona virus)'는 corona(왕관, 화관, 둥글게 휘어진 것)와 virus(독액, 점액)의 라틴어 합성어로, 바이러스의 표면이 왕관처럼 생겨서 붙여진 이름이라고 한다. 더불어 endemic, epidemic, pandemic이란 말도 많이 회자됐다. 원래 endemic은 그리스어로 en(안에, 내에)와 demic(지역, 사람들)의 합성어로 지역 풍토병을 말하고, epidemic은 epi(사이에, 달라붙어)와 demic의 합성어로 '사람을 넘나드는, 널리 퍼져 있는'이라는 뜻으로 전염병을 말한다. 그런데 epidemic을 넘어선 pandemic은 pan(모든)과 demic의 합성어로 '모든 사람들에게 가 있는'이라는 의미로 전 세계적인 전염병을 말한다.

2　위드 코로나는 2021년 11월부터 코로나19 총 확진자를 억제하는 규제에서 단계적 일상회복과, 중증 환자와 사망자를 억제하기 위한 정책으로 전환하는 것을 말한다.

속되는 변이바이러스의 출현이나 팬데믹의 상시화를 경고하는 다양한 연구보고들은 인간이 얼마나 균과 바이러스에 대해 무력할 수밖에 없는지 절감하게 한다.

실제 코로나19는 한국의 정치경제, 사회문화, 군사외교 등 전반적 영역에서 영향을 미치고 있다. 코로나19 이후 삶의 질뿐만 아니라 '죽음의 질'의 지속적인 저하로 코로나 PTSD(외상 후 스트레스장애)와 자살률이 급격하게 증가했다. 코로나19로 인해 예상치 못한 우발적 죽음이 급격하게 증가한 것이다. 이러한 증가는 감염 확산에 대한 불안과 그로 인한 공포로 기존의 임종과 애도, 장례문화를 급속하게 변모시키는 계기가 되고 있을 뿐만 아니라 삶에 대한 생각도 급변시키는 계기가 되고 있다. 정부의 방역지침인 백신 접종, 사회적 거리 두기, 일시 멈춤, 마스크 쓰기 등이 일상화되고 있지만 바이러스에 대한 경험은 국가 · 지역 · 공동체 · 개인별 · 지역별로 동일하지 않다(바돈 Badone 2021; 하디Hardy, 2020).

코로나19는 개인의 사회문화적 배경, 개인적 상황에 따라 각기 다르게 다가오는데 특히 코로나19 시기에 죽음을 경험한 사람들의 충격과 공포는 더할 나위가 없다. 이렇듯 우리에게 코로나19는 현재진행형의 위기이며 누구나 언제든지 어디서든지 어떤 방법으로든지 죽을 수 있다는 생각에 '죽음의 현저성(mortality salience)'[3]을 각성시키고 있다는 것은 주지의 사실이다. 사실 누구나 죽는다는 사실을 안다.

---

3 공포관리이론(Terror management theory)에서 주장하는 가설로 어떤 계기로 죽음을 각성하게 되면 죽음이 억압되지 않고 또렷하게 의식으로 나타나는 현상이다. 죽음을 외면하고 억압하는 방식이 아닌 죽음을 진지하게 생각하며 자신도 죽을 수 있다는 죽음 공포감으로 이어진다.

하지만 죽음이 내 자신의 이야기로 미래가 아닌 현재에 일어날 수 있다는 걸 사실로 느끼게 된다면 이는 달라질 수밖에 없다.

이런 측면에서 코로나19는 하나의 사건에만 머무는 것이 아니라 인간 스스로에게 근본적인 질문들을 던지는 화두이며 의미체다. 인문학(人文學)은 인간의 삶에 대한 질문부터 죽음에 대한 질문까지 탐구하는 학문이다. 그래서 인문학을 인간이 그리는 무늬를 연구하는 학문이라고도 한다. 인문학의 3가지 주요 질문인 '나는 누구인가?', '나는 어떻게 살아야 하는가?', '나는 어떻게 죽어갈 것인가?' 등 생(生)과 사(死)에 대한 통합적 이해가 없는 사유(思惟)라면 드러난 현상에만 집착하거나, 왜곡된 사고나 망상적 문화 현상에 쉽게 물들 수 있다.

지구적 삶에서 인간은 수많은 종 중에 하나다. 인간이 모든 것의 주인인 양 자신의 욕망을 채우는 삶의 방식에 근본적인 성찰 없이는 이러한 문제가 더욱 가속화될 수밖에 없다. 그래서 마크 제롬 월터스(Mark Jerome Walters)[4]는 팬데믹을 '에코데믹(ecodemic, 생태병 또는 환경전염병)'으로 부를 것을 제안했다. 전 지구적 전염병의 근원은 근본적으로 단순한 질병의 문제가 아닌 삶의 방식과 생태적인 차원에서 인식하지 않으면 해결할 수 없다는 인식이다. 포스트 코로나(Post Corona) 시대를 준비하며 코로나19에 대한 생과 사의 인문학적 성찰을 통해 개인 중심이 아닌 생태적인 관계 속에서 자신을 발견하고 연결하는 관점으로 이동해야 한다. 생명과 삶에만 집중하는 단절적 사고에서 벗어나 생명과 삶과 죽음을 하나의 연속성에서 이해하고 통

---

4 마크 제롬 월터스, 『에코데믹, 끝나지 않는 전염병』, 이한음 역, 책세상, 2020 참조

합하는 인문학적 성찰을 해야 한다. 이런 문제의식에서 인간의 발자취와 무늬를 지칭하는 인문학적 관점으로 팬데믹을 삶과 죽음의 관점에서 다시 사유하고자 한다.

코로나19의 방역으로 인해 간과되고 있는 사실이 있다. 생명의 안전이 모든 방역지침의 제1원칙이 되면서 죽음의 존엄성이 간과되고 있다는 사실이다. 인종과 문화, 종교가 달라도 고인과 이별하는 상장례(喪葬禮)는 엄숙하고 예법을 지키기 마련인데, 코로나19 사태로 죽음에 대한 예법이 제한되고 죽어가는 사람과 죽은 이에 대한 존엄성이 보장받지 못하고 있다. "죽음을 앞둔 코로나 환자들이 가장 먼저 잃게 될 것은 존엄성이다"[5]라는 말이 공공연히 거론되는 상황 속에서 인간의 존엄성이 바이러스에 잠식당하거나, 주검이 마치 폐기물처럼 처리되었다. 대다수 나라에서 유족과 대면하지 못한 채 임종을 맞이하고 장례식은 생략된 채로 지내는 것이 다반사였다.

팬데믹 시대 죽음은 사후 처리에 그 참혹상이 드러난다. 2021년 2월 23일에 발표된 『코로나바이러스 감염증-19 사망자 장례관리 지침』[6] 제2판에 따르면 "코로나19로 인한 사망자는 잠재적인 전염성이 있으므로 모든 경우에 '표준주의' 원칙을 적용하며, 일부 감염성 질환을 가진 사람의 혈액, 체액 또는 시신의 조직과 접촉할 때 감염될 수

---

5 2020년 9월 캐나다 매니토바 대학이 발표한 의학저널의 첫 줄에서 인용한 글로 코로나19에 감염된 사람들이 죽기 직전까지 홀로 남겨지는 상황을 지적한 글이다.

6 2021년 2월 배포한 당국의 『코로나바이러스감염증-19 사망자 장례관리 지침』(2판)에서는 유족의 동의를 구한 후 '선 화장 후 장례' 형태로 진행하고 있지만, WHO(세계보건기구)에서는 코로나19로 사망한 사람들을 화장해야 한다는 증거가 없고 문화적 상황과 자원을 고려한 선택의 문제라고 지적하고 있다. 싱가포르에서는 사망자의 80% 이상이 화장되고 있다. 한국의 화장률은 2020년 현재 90%를 돌파했다.

있으므로 노출 최소화 방식으로 시신을 처리"한다고 규정되어 있다. 이러한 『코로나바이러스감염증-19 사망자 장례관리 지침』은 선(先) 화장 후(後) 장례가 원칙인데, 감염 우려 때문에 의료용 비닐백에 밀봉한 시신을 염습도 못 하고 수의도 입히지 못한 채 사망 당일에 화장한다고 관계자들은 증언했다[7]. "코로나19로 사망한 고인은 의료용 팩에 밀봉된 채로 병실 밖으로 나와 안치실로 이동된다. 이후 관으로 옮겨서 결관(끈으로 관을 동여맴)된다. 영구차까지 관을 옮기는 운구도 거리두기를 위해 가족이 아닌 장례지도사가 진행한다."[8] 펜데믹을 겪으면서 장례식을 치르지 못하고 이 과정에서 죽음의 존엄성은 존중되지 못한다는 사실은 많은 이들에게 충격을 주었다. 장례식이 애도의 중요한 역할을 한다는 수많은 연구와 우리의 고유한 문화를 감안하지 않더라도 가족도 못 보고 유언도 못 하고 애도도 못 하는 참담한 죽음, 빈소와 조문객 없이 장례도 못 치르고 부모와 혈육을 보내는 유족 입장에선 평생 한으로 남을 한 맺힌 사별 경험일 것이다.

또한 최근 코로나19 시기에 사별 경험을 한 애도자의 돌봄이 사회적 화두로 떠오르고 있는 것은 이 시기에 '애도와 돌봄의 개인화' 문제가 드러나고 있기 때문이다. 사실 사별 경험을 한 애도자는 고인에 대한 상실과 슬픔의 고통뿐만 아니라 이후 새로운 삶에 대한 적응의 문제 등 이중적 문제를 안고 살아야 한다. 그런데 코로나19로 인해

---

7 강봉희 씨는 15년간 700여 명의 고독사, 기초수급자 고인들의 마지막을 지켜주는 장례지도사로 자신의 경험담을 『나는 죽음을 돌보는 사람입니다』라는 책에서 소개하고 있다.

8 '가족과 유리된 죽음' K방역 장례 지침··· '선 화장' 개선해야, 〈의협신문〉, 홍완기 기자, 2021. 10. 26.

자신의 슬픔을 공식화하지 못하고 애도를 인정받지 못하는 박탈된 비탄(disenfranchised grief)[9]을 경험하는 사별자들은 고인에 대한 애도와 이후 삶에 대한 돌봄을 기존의 지지 체계와 사회의 상부상조에서 비켜난 채 온전히 개인의 몫으로 감당하는 상황에 내몰릴 수 있다. 이에 코로나19 시기에 사별 경험에 따른 애도가 어떻게 변화를 맞이하고 있으며, 방역을 이유로 만들어진 각종 규제에 애도인이 어떻게 대응하고 있는지 그 영향과 변화를 살펴보고자 한다.

물론 인류 역사에서 팬데믹 창궐은 이번이 처음이 아니다. 일례로 15세기 유럽 전역을 강타한 흑사병 팬데믹은 도처에서 수천만 명의 목숨을 앗아갔고 죽음이 도시 전체를 멸하게 했다. 기존의 인간이 가졌던 죽음의 막연성을 현재성으로 바꾸어놓은 선례들은 무수히 많다. 흑사병 이외에도 콜레라, 천연두 같은 급성 전염병에 의해 몰사하는 일이 다반사로 일어났기 때문에, 당시 사람들은 인생을 죽음의 대비 과정으로 생각하고 죽음에 대한 성찰을 모든 사람의 의무로 간주했다. 이러한 죽음의 시대 분위기 속에 '죽음을 기억하라'는 '메멘토 모리(memento mori)'[10] 사상이 성행하거나 실제적인 죽음을 준비하는 실천적 매뉴얼인 『죽음의 기술(Ars Moriendi)』[11]이 출판되었다. 수많

---

9 도카(Doka)에 의해 소개된 박탈된 비탄(disenfranchised grief)이란 사회적으로 묵인되거나, 공식적으로 애도하지 못하고, 공개적으로 알려질 수 없을 때 경험되는 비탄 경험을 말한다. 자살이나 에이즈(AIDS), 전염병으로 인한 죽음 등 애도의 과정까지 박탈당함으로써 치유하지 못하는 슬픈 경험이다.

10 메멘토 모리는 "죽음을 기억하라", "너는 반드시 죽는다는 것을 기억하라"는 뜻을 가진 라틴어로, 로마제국이 수많은 전쟁에서 승리한 장군들의 개선식을 할 때 장군과 함께 가장 비천한 노예가 함께 마차에 올라타 개선식이 끝날 때까지 외쳤다고 한다.

11 『죽음의 기술』은 임종을 동반해줄 사제가 절대적으로 부족하니 홀로 좋은 죽음을 맞이하는 법을 익히라는 의도에서 1347년 윌리엄 캑스턴(W. Caxton)에 의해 출판된 목판화를 말한다.

은 이들의 임종을 동반하는 것은 죽음을 준비하고 죽음에 적응하는 인간의 또 다른 모습이기도 하다.

전쟁이 많았던 우리의 역사에서도 죽음은 자연스러운 삶의 마지막에 도래하는 사건이 아닌, 이미 삶 속에 존재하는 현실이었으며 언제든지 죽을 수 있음을 인식했다. 이에 대한 다양한 문화들이 시대를 거치면서 변화해왔다. 실제 우리 문화에서 죽음에 대한 문화가 전통적으로 공동체의 주요 문화 중에 하나이고 생전에 수의와 묏자리, 조상에게 선물로 줄 옷감 등을 미리 준비하는 풍습이 있었다. 부모들이 자녀들에게 자신의 사후 소망과 장례방식을 자연스럽게 토로하거나 친지간에 죽음에 관해 대화 나누는 걸 일상사로 여기던 관습 등은 죽음이 얼마나 우리 삶과 문화에 가까이 있었는지 잘 보여주는 것이다. 자연재해나 천재지변의 급습, 전염병의 창궐 등으로 인해 항상 죽음의 위협을 느낄 수밖에 없었기 때문에, 죽음은 삶을 영위하는 모든 생명이 결코 피할 수 없는 현실, 인생사에서 가장 확실한 실체였다.

이런 측면에서 이 책은 팬데믹이 자극한 죽음의 현저성을 도외시하고선 이후 우리의 삶이 설명될 수 없다는 데에서 출발한다. 물론 죽음이라는 궁극적 한계가 놓이면 누구나 두렵고 무력해질 수밖에 없다. 그렇다고 넋 놓고 있다 갑자기 죽음에 처해 허둥지둥댈 수는 없는 노릇이다. 우리의 삶이 의미가 있으려면, 언제 닥칠지 모르는 죽음에 대해 유념하고 살아가야 한다. 죽음을 생각하지 않는 삶은 이정표 없는 여정과도 같다. 실제 죽음을 성찰하지 않을 때, 죽음에 대한 비탄과 두려움은 나날이 극대화된다. 죽음을 기피할수록 죽음 앞에서 고통으로 몸부림칠 수밖에 없다.

이러한 문제의식에서 코로나19 시기에 사별 경험을 한 유족들, 코로나19로 죽은 유족들, 백신 사망자 유족들 등 다양한 죽음을 경험한 사별 경험자들을 만나 인터뷰했다. 이 책에서 그들이 이야기한 사별 경험과 코로나19로 인한 애도문화의 변화가 이후 삶에 어떠한 영향을 미쳤는지 이해하고자 한다. 이를 통해 삶과 죽음을 깊이 성찰하는 현실을 직시하고 현상 너머에 있는 것을 바라볼 수 있는 대안을 생각해봄으로써 존엄성을 실현하는 삶의 마무리로서 죽음의 존엄성을 다루고자 한다. 그리하여 존엄한 삶, 존엄한 죽음, 존엄한 사회를 진작시키는 데 작은 동기를 마련하려고 한다.

1장

죽음의 현장에서
바라본
10가지 단상

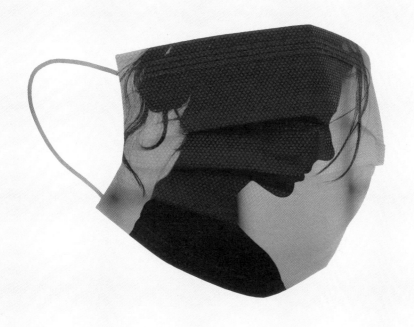

코로나19로 인해 사회 분위기가 전반적으로 불안과 위기감이 심화되고 있는 듯하다. 언젠가 지인이 해준 이야기다. 연로하신 어머님이 평소 "에구, 나이 들면 죽어야지. 살 만큼 살았다"를 말버릇처럼 입에 달고 사시는데 이번 추석에는 모이지 말고 각자 지내자고 하셨단다. 10분이면 닿을 거리에 살기에 적어도 이틀에 한 번은 뵙는데도 그때마다 뭐 하러 오냐고 핀잔을 준다는 것이다. 실제로도 방역을 얼마나 잘하시는지 교류하던 이웃들과도 안 만나고 텔레비전과 유튜브를 보면서 일상을 보내신단다. 그러면서 덧붙이는 말이 "어머니가 말로는 죽을 날이 얼마 안 남았다고 하시지만 실제로는 코로나19로 죽을까 봐 두려워하신다"고 했다.

가을을 맞아 부쩍 쌀쌀해진 기온을 느끼는 아침과 저녁이면 막연한 허전함과 불안감이 밀려올 때가 있다. 사람들과 대화를 하다 보면 다들 비슷하다는 걸 새삼 느낀다. 유난히 가을 무렵에 무의미한 삶, 외로움, 상실감, 혼란스러움, 걱정 등 부정적인 감정과 생각에 빠지는 이유는 무엇일까? 가을 속에 스며 있는 겨울의 흔적을 미리 느끼듯, 죽음에 대한 두려움을 예감해서일까? 유한한 삶을 사는 인간 존재의 한계일지도 모르겠다.

문화인류학자 어니스트 베커(Ernest Becker)는 『죽음의 부정』에서 죽음 생각에 대해 "죽음에 대한 공포보다 더 인간이란 동물에 들러 붙어 괴롭히는 것은 없다. 죽음은 인간 활동의 핵심적인 동기다. 모든 인간의 활동은 대부분 죽음이라는 숙명을 피해보고자, 죽음이 인간의 최종적인 운명이라는 사실을 어떻게든 부정함으로써 죽음을 극복하고자 계획된 것이다"라고 주장한다. 그에 따르면 인간의 즐거움과 쾌락의 원천인 리비도(libido, 삶의 욕구)는 몸에서 기인한 것이기에 죽을 때까지 몸에 대한 집착을 한다. 하지만 몸은 늙고 병들어가는 것을 알기에 죽음에 눈을 뜨고 '불멸의 프로젝트(immortality project)'를 실행한다는 것이다.

요즘처럼 '언택트(untact)'를 강조하는 사회에서도 많은 이들이 산소를 찾아가 벌초하지 않은 것을 조상에 대한 불효라고 여기며 어떻게든 벌초를 하려고 한다. 사람들에게 영원히 잊히지 않는 영웅이 되려고 하는 것이나, '나'라고 상징될 수 있는 물건이나 장소를 번듯하게 만드는 것 또한 불멸의 탑을 쌓으려는 욕망이 아닐까. 죽음이 상기될수록 사람들은 더욱더 건강을 챙기고, 죽음의 '죽'자도 안 떠올리려고 애쓰며 삶에 몰두한다. 죽을 수밖에 없는 존재라는 한계 때문에 역설적으로 자신이 살아 있음을, 불멸적인 존재임을 확인하려 드는 것이다.

그럼에도 불구하고 우리는 죽음을 향해가는 존재다. 동서양을 막론하고 많은 선학(先學)들이 죽음에 대해 사유해왔다. 물론 어느 누구도 죽음을 뛰어넘을 수 없기에 그 의미와 가치에 대한 사유만 가능할 터이다. 그러나 삶에만 몰입하면서 살아가던 어느 날 갑자기 예기치 못한 죽음을 코앞에 맞아 허둥대다 삶을 마치는 것은 안타까운 일이 아닌가.

인간은 질문을 통해 자신이 누구인지, 어떻게 살 것인지에 대해 사유한다. 삶이 사유의 대상이라면 죽음 또한 사유의 대상에 포함될 수밖에 없다. 죽음이란 무엇인가? 죽으면 끝인가, 끝이 아닌가? 사후의 삶이 있는가? 영혼은 존재하는가? 죽음 이후에도 나는 존재하는가? 나는 죽음을 어떻게 맞이할 것인가? 이런 질문들은 기억 저편에 있는 죽음에 대한 두려움을 의식의 세계로 소환해 막연한 불안과 두려움에 의미를 불어넣음으로써 삶에 활력을 넣는다. 이럴 때 비로소 삶과 죽음에 대한 통합적 사유가 가능해진다. 역설적으로 삶의 본질은 죽음을 마주할 때 드러나고, 죽음의 의미를 사유할 때 삶은 더욱 풍요로워진다.

"죽음이 무엇인가?"라는 질문에 한 마디로 대답하는 것은 불가능하다. 삶의 형태가 사람마다 다르듯, 죽음의 의미 또한 개인마다 문화마다 다르기 때문이다. 한 가지 분명한 것은 삶이 중요한 만큼 죽음 또한 사유할 가치가 있다는 것이다. 『아침에는 죽음을 생각하는 것이 좋다』의 저자 김영민 교수는 죽음 생각이 좋은 이유를 이렇게 말했다. "이미 죽었다면 제때 문상을 갈 수 있어 좋고, 죽음이 오는 중이라면 죽음에 놀라지 않을 수 있어 좋고, 죽음이 아직 오지 않는다면 남은 생을 어떻게 살 것인가에 대해 선택할 수 있어서 좋다." 한 점 구름도 없이 청명한 가을날이다. 자신의 죽음을 생각하기에 더없이 좋은 날이다. 나는 심리상담 전문가로서 상실치유를 목적으로 하는 애도 집단상담 '웰바이(well-bye)'를 10년 가까이 진행하고 있다. 이에 죽음의 현장에서 느끼는 '죽음과 애도'에 대한 다양한 생각을 먼저 정리해보려 한다.

1. 사람은 누구나 '외로움'을 지니고 산다

인간은 본성상 사회적 동물이다. 우연이 아니라 본성상 사회 공동체가 없어도 되는 존재는 인간 이상이거나 인간 이하이다.

_ 아리스토텔레스, 『정치학』 중에서

코로나19로 인해 사회적 거리두기가 강화되면서 만남 자체가 부담스러운 일이 되고 있다. 줌이나 유튜브 등 온라인을 통한 사회적 관계망은 확장되고 있지만, 실질적 관계는 빈곤화되고 있는 듯하다. 사회적 거리두기가 사람 간 거리두기로 비화된 것 같은 생각마저 든다. '혼밥', '혼술', '혼영'도 익숙한 문화로 자리잡았다.

2021년 10월 행정안전부가 발표한 전국 가구 수는 2,300만이다. 이중 '1인 가구'는 900만으로 전체의 40%가 넘는 수치다. 2018년 한국보건사회연구원이 발표한 '청년 1인가구의 사회적 관계' 보고서에 따르면 청년 독신 가구가 가족과 보내는 시간은 1일 평균 5분에 불과하다고 한다. 이런 세태를 반영한 듯 서울대학교 김난도 교수는 2022년 소비 트렌드를 예측하며 '나노 사회(nano society)'를 제시했다. '나노(nano)'는 10억분의 1을 뜻하는 접두사로 원자나 분자 단위를 측정할 때 쓰는 단위다. 나노 사회라는 말은 한 사람 한 사람이 모래알처럼 흩어지는 사회현상을 일컫는 말로 설명할 수 있을 것이다.

개인주의나 개인화가 어제오늘의 문제는 아니다. 그러나 코로나19로 인해 당연하고 익숙하게 여겨지는 것은 한 번쯤 짚고 넘어갈 문제다. 『호모 사피엔스(Homo sapiens)』의 저자 유발 하라리(Yuval Noah Harari)는 인간이 지구의 주인이 될 수 있었던 이유 중 하나로 소통과 공유를 꼽았다. 다양한 위기와 예측 불가능한 변화를 인지하는 민감성과 이에 대응하는 적응력과 소통력이야말로 인간 진화의 힘이었으며 이로 인해 인간의 지위를 유지할 수 있었던 것이다. 이것을 뒷받침해주는 것이 '우리'라는 집단의식, 공동체성이다. 연말이 되면 여기저기에서 송년회를 갖는 것도 서로에 대한 유대감을 확인하는 행위일 것이다.

그러나 인간은 '홀로' 태어나고 '홀로' 죽는다. 상대를 깊이 사랑하고 강한 유대감으로 이어져 있어도 내가 죽을 때 그 사람까지 데려갈 수는 없다. 어쩌면 우리는 외롭기에 사랑하고 함께 살고자 하는 것이 아닐까. 삶이 주는 이런 역설은 삶을 '후회스럽고 억울한 것'으로 만들기보다 '풍부한 추억'(칸토어Cantor, 1978)으로 기억하게 한다. 유대감을 통해 공동체성을 회복하려는 마음은 의미 있는 삶을 살아가는 것이 소중하다는 점을 일깨워준다. 몸은 혼자이지만 마음속에서는 상대와 연결되어 있다고 믿는 것이다. 특히 나이가 들수록 추억을 통해 과거의 관계를 재정립하고 남겨진 유산을 풍부하게 꾸려가는 일이 필요한 것 같다.

잦아드는 것 같던 코로나19가 다시 기승을 부리기 시작하고 마스크를 벗을 날이 요연해질 때, 죽음에 대한 불안과 공포도 사람들의 폐부에 스며든다. 하지만 무엇을 어떻게 보느냐에 따라 태도가 달라지고, 삶이 달라진다. 익숙하게 보던 것도 새롭게 인식하고 성찰하면 현실 또한 변한다. 아침부터 저녁까지를 하루라고 한다. 하루가 30일 동안 쌓이면 한 달이 되고, 한 달이 12번 쌓여 1년이 된다. 어제와 오늘이 크게 다를 것 없는 비슷한 루틴으로 반복되더라도, 우리가 일상에 의미를 부여하면 어제와 다른 특별한 '오늘 하루'가 되는 것이다.

삶은 생명의 탄생과 함께 시작되고 죽음을 통해 완성된다. 생명의 문이 열리고 닫히는 순간을 삶이라고 한다면, 삶은 영원히 열려 있는 문과 같다. 그러나 언젠가 예고도 없이 문이 닫히는 순간이 올 것이다. 삶에만 집착하느라 죽음을 준비하는 시간을 놓쳐버린다면 '죽음을 당하고' 말 것이다. 올해 연말에는 '죽음과 함께 하는 삶(Being with dying)'에 대해 성찰해보면 어떨까. 외로움, 늙어감, 죽음, 상실 등이 피할 수 없는 주제라면 수동적으로 받아들임을 당하기보다 능동적으로 의미를 재구성해보자. 삶과 죽음이 따로 떨어져 있는 것이 아니라 함께하는 것이라는 점을 깨달을 때 우리는 비로소 새로운 자신을 바라보게 될 것이다.

2. 자살, 그 견딜 수 없는 마음의 고통

한 해 우리나라 자살자는 공식적으로 1만 4천~1만 5천 명 정도라고 한다. 자살자의 유족들이 5~10명 정도이니 한 해 10만 명 이상의 자살 유가족들이 발생하는 것이다. 10년 이상 누적된 수만 떠올려도 100만 명이 훌쩍 넘는다. 우리 사회에서 100만 명 이상의 자살 유가족이 있다는 것은 심각한 문제가 아닐 수 없다.

상실치유 애도상담 집단 중에 한 분이 조심스럽게 말을 꺼냈다. 어디서도 말을 못했지만 지금은 해야 될 것 같은 마음에 표현하고 싶다고 했다. 참가자들이 어떤 말이든 괜찮다며 그분을 다독이자 조심스럽게 자신이 자살 유가족임을 밝혔다. 명절 때 시댁을 방문하는 문제로 부부싸움을 했는데 집을 나간 남편이 저녁 늦게까지 돌아오지 않았다. 다음날, 경찰서에서 시신으로 발견되었다는 연락이 왔다. 그동안 너무나 힘들었고 이런 말을 꺼내는 것조차 쉽지 않았다며 그분은 말을 하는 내내 흐느꼈다. 남편의 죽음이 자살이라는 것을 밝힌 일은 5년 만에 처음이라고 했다. 자살이라고 말할 수 없었던 수치스러움과 자신을 비참하게 만든 남편에 대한 원망이 섞여 울음 섞인 말을 한없이 이어가고 있었다. 누구도 입을 열지 못했고 그저 마음이 진정되기만 기다렸다.

_ 상실치유 애도집단 중에서

자살 유가족들을 만나 상담을 하다 보면 그들의 사연에 먹먹함이 앞선다. 얼마 전, 남편을 자살로 잃은 중년여성을 만났다. 홀어머니를 모시는 데다 신경통까지 있어서 결혼은 꿈에도 생각하지 않았는데, 그 모든 것을 수용해주는 남자를 만나 결혼을 했고 아이 둘을 낳아 키웠다. 남편은 성격은 좋았지만 경제적 능력은 제로에 가까웠다. 아이들을 양육하고 집안 경제를 꾸리는 것은 온전히 본인의 몫이었다. 좋은 사람이었지만 가장의 역할을 하지 못하는 남편에 대한 미움이 한없이 커졌고 급기야 아이들이 결혼하는 대로 이혼하기로 약속했다. 본인도 그때까지만 참자며 힘든 시간을 버텨왔다. 아이들이 결혼한 후 1년여 별거를 하며 이혼 과정에 들어갔다. 함께 법원으로 가기로 한 날 남편이 나타나지 않았다. 집으로 가봤더니 유서도 없이 자살로 생을 마감했다고 한다. 크나큰 충격 앞에 모든 것을 자신의 탓이라고 여기며 사람들과의 인연도 끊고 두문불출했다. 급기야 본인도 자살 시도를 감행하는 등 굴곡을 겪다가 지인의 안내로 이 자리까지 왔다고 했다. 몇 년 전 사건임에도 불구하고 생생한 고통을 호소하는 이 앞에서 쉽게 입이 떨어지지 않았다.

어떤 죽음이든 슬픔과 비탄의 경중을 가늠할 수는 없지만 특히 가족의 자살은 남은 이들에게 설명할 수 없는 아픔과 슬픔을 남긴다. 코바인(Cobain)과 라르크(Larch)는 자살로 인한 사별 경험의 특징을 다음과 같이 정리했다. 첫째, 갑작스러운 충격으로, 예상하지 못했던 죽음이었기에 그 충격이 더욱 크다. 둘째, 감추어진 고통으로, 죽음을 비밀로 감출 수밖에 없기에 죄책감과 수치감에 힘들어한다. 셋째, 폭력성으로, 죽음이라면 보통 수명을 다한 후 찾아오는 자연스러운 죽음을 상상하는 데 비해 자살은 그 자체로 유가족에게 폭력적이다. 넷째, 연장된 비탄으로, 사별로 인한 사회적 지지와 슬퍼할 수 있는 권리가 부족하기에 비탄이 길어진다. 다섯째, 거부당함으로, 유가족들은 자살로 인한 슬픔에 무력감을 느끼며 '왜?'라는 질문을 끝없이 반복하기에 영원히 거부당한 느낌을 갖는다. 여섯째, 낙인으로, 자살에 대한 비난, 수치스러움, 치욕이라는 꼬리표 때문에 고통을 겪는다. 일곱째, 심리적 충격으로, 자살사건이나 시신 등 관련 장면들을 목격한 사람들은 극심한 외상이나 우울, 불안장애를 경험한다. 이렇듯 자살자들의 죽음으로 인해 유가족들은 이해할 수 없는 혼란에 빠진 채 삶의 어두운 그림자를 안고 살아간다.

자살자나 자살 유가족들이 경험하는 견딜 수 없는 고통을 '심리통(psychache)'이라고 한다. 미국의 심리학자이자 자살 연구의 선구자인 에드윈 슈나이드먼(Edwin S. Shneidman)이 고안한 개념으로 마음, 정신을 뜻하는 'psych'와 고통을 뜻하는 'ache'의 합성어다. 자신의 욕구나 기대가 좌절되어 우울, 불안, 분노와 같은 감정을 느끼는 마음의 고통인데, 심리통이 문제가 되는 것은 '자살 각본'과 연결되기 때문이다. 그의 저서 『자살 각본(Suicide as psychache)』에 따르면 좌절에 따른 심리통은 단계를 거쳐 결국 자살로 이어진다. 심리통이 2단계 자기비하, 3단계 터널시야, 4단계 고독감으로 이어지고 5단계 절망적인 무망감에 사로잡히게 되면 '오직 탈출구는 자살'이라는 6단계로 넘어가 자살을 실행한다는 것이다. 이런 측면에서 자살은 나름대로 자신만의 해결책을 찾는 것이라고 주장한다.

시대가 급변하고 상황이 달라질 때 일부 사람들은 자신의 기대와 욕구가 좌절되어 자살을 자주 생각하는 경향이 있다고 한다. 톨스토이(Lev Nikolayevich Tolstoy)가 『안나 카레니나』의 첫 문장을 "행복한 가정은 서로 닮았지만 불행한 가정은 저마다의 이유로 불행하다"라고 시작했듯 불행하다고 느끼는 사람들은 자신이 불행한 이유를 찾기에 급급하고 자살의 명분을 찾으려고 한다.

과연 현대인에게 자살은 개인적인 문제일까? 자살의 역사를 살펴보면 자살은 과거에도 있었고 지금도 있다. 자살은 개인의 생사관을 뛰어넘는 문제인지도 모른다. 그럼에도 현대를 살아가는 우리가 자살 문제에 더욱 관심을 기울여야 하는 이유는 과거 어느 때와는 비교할 수 없는 초연결시대(hyperconnected world)를 살아가고 있기 때문이다. 한 지역의 전염병이 세계적인 팬데믹을 몰고 오듯, 한 사람의 자살이 사회적으로 전염성을 띠게 될 수도 있기에 적절하게 대처하지 못할 경우 사회적 위기가 가중될 위험이 있는 것이다.

이런 면에서 자살은 사회적 주제이기도 하다. 자살에 대한 생각은 개인마다 다르겠지만 사회적 차원에서 '애도의 공간'을 만들고 관심을 기울이는 노력이 이뤄져야 한다. 죽음에 대한 인식을 변화시키고 애도문화를 형성해간다면 지금도 '심리통'으로 고통받는 이들에게 삶의 출구로 나아가는 빛이 되지 않을까. '마음의 공간'을 만드는 것이 치유의 본질이라는 말이 있다. 삶은 행복해야만 하고, 기대는 충족돼야만 한다는 생각이 괴로움을 만든다. 이런 괴로움을 벗어나려면 몸과 마음, 시간과 공간 안에 '자기만의 쉼과 멈춤의 공간'을 만들어야 한다. 그래야 새로운 선택을 할 수 있고 '자살만이 답이야'라는 생각에서 벗어날 수 있다.

자살자나 자살 시도자들은 많은 시간 동안 번민하며 힘들어했을 것이다. 막다른 길에 내몰려 자살만이 지금의 고통에서 벗어날 수 있는 길이라고 생각했을 것이다. 그러나 죽음이 모든 것을 끝내는 해결책은 아니다. 남겨진 이들은 죽음 이후에도 이어지는 삶을 견뎌야 하기 때문이다. 그래서 자살 유가족을 만나면 누구나 막막함을 느끼며 답답해한다. 어떻게 말을 꺼내야 할지, 무슨 말을 해야 할지 물어보지도 못하고 주변만 빙빙 돌다가 말을 마친다. 혹시라도 내 말이 부담이 되거나 상처가 될까 염려하는 마음 때문일 것이다.

'삶은 여행'이라는 관점에서 생각해보면 죽음 또한 여행에서 만나는 다양한 경험일 수 있다. 그러나 유가족이 경험하는 사별 고통은 시간이 흘러간다고 저절로 아물지 않는다. 다만 고통에 사로잡혀 있는 시선을 삶의 다양한 경험으로 돌릴 수 있다면, 이 과정에서 고인과 묶여 있는 관계를 놓아 보낼 수 있다면, 삶의 위기 속에 새로운 기회를 만들어볼 수 있다. 여기서 '놓아 보낸다'는 의미는 고인과의 관계가 현실에서 끝났으며 새로운 만남으로 재편돼야 한다는 것을 인정하는 것이다. 삶을 단절로 인식할 것인지 연속적이고 응집력 있는 것으로 만들 것인지는 각자의 몫이다. 사별의 아픔을 통해 내가 몰랐던 삶의 의미를 발견한다면 예전과는 다른 방식으로 고인과 소통할 수 있지 않을까. 자살 유가족들에게 도움이 될까 하여 남겨진 자들의 권리장전(『자살 유가족 매뉴얼』, 2017)을 소개한다.

1. 나는 떠난 이를 잃은 슬픔을 느끼고 이야기할 권리가 있다.
2. 나는 나의 사생활을 보호받을 권리가 있다.
3. 나는 떠난 이를 잘 기억하고 간직할 권리가 있다.
4. 나는 떠난 이에 대한 책임(죄책감)을 거부할 수 있는 권리가 있다.

5. 나는 떠난 이와 무관한 나의 삶을 누리고 유지해도 되는 권리가 있다.

6. 나는 행복하고 즐거울 권리가 있다.

7. 나는 지금의 어려움을 이겨내기 위해 당당히 도움을 요청할 권리가 있다.

8. 나는 희망을 가지고 새로운 출발을 할 권리가 있다.

우리의 삶은 '지금, 여기, 나'이다. 나에게 주어진 것은 '지금'이고, 내가 있는 곳은 '여기'이며, 지금 생각하고 행하는 자는 '나'이다. 오늘 하루를 살아가는 마음이 과거의 우울과 후회, 죄책감에서 벗어나게 하며, 미래의 걱정과 불안, 두려움을 그치게 한다. 견딜 수 없는 고통으로 힘들어하는 사람들에게 우리가 할 수 있는 일은 연민의 마음으로 소통하는 일이다. 고통 속에 있는 그도 나와 똑같이 생명의 꽃을 피우고 싶어하는 존엄한 존재이므로.

3. 무연고사, 애도되지 않는 죽음을 생각하며

Re'member
나의 순간을 마음속에 간직하는 것
누군가의 마음속에 있을 순간을 공감하는 것
역사적 사실을 기억하는 것
그렇게 함께하는 것

_ 마리몬드(Marymond)

며칠 전 지인의 죽음으로 화장터에 갔다. 거기에서 일군의 사람들이 고인의 영정을 정성스레 모시고 이동하는 장면을 봤는데, 유가족은 아닌 듯하여 눈길이 갔다. 그런데 추모자들 중 한 명이 10여 년 전 알고 지내던 사람이었다. 뜻밖의 만남에 놀라 그동안 어떻게 살았는지 근황을 나누었다.

"무연고 사망자들을 돕는 단체에서 자원봉사를 하고 있어요. 개인적으로 죽음과 관련한 사연이 있기도 했고…… 시간이 되는 대로 조문도 하고 자원봉사도 하고 있지요."

이야기를 나눌수록 자신과 관련 없는 사람들을 위해 장례를 치러주는 분들보다 왜 무연고 사망자가 많이 발생하는지에 대해 관심이 갔다.

흔히 죽음 앞에 평등하다고 말한다. 그러나 과연 그럴까? 우리나라만 해도 한 해 3천 명 이상의 무연고 사망자가 발생한다. 안치 냉장고에서 14일 이상 길게는 한 달을 넘게 머문 뒤 대개는 '직장(直葬)'의 방식으로 부고나 빈소도 없이 장례가 없는 '식'으로 처리되는데, 화장터에서 유골을 분쇄한 후 유골함은 관련 지자체 봉안 관련 캐비닛으로 들어가 사람과의 방문이 차단된 채 한정 없이 보관된다고 한다.

그들도 태어났을 땐 부모도 있었고 친척도 있었으리라. 그런데 어쩌다 연결된 가족이 없는 '무연고' 죽음을 맞게 되었을까. 무연고 사망자는 '연고자가 없는 무연고', '신원불명', '연고자의 시신 인수 거부'로 구분된다. 여기서 연고자는 배우자, 직계존속비속, 형제자매까지의 법률혼과 혈연 관계를 의미한다. 법적으로 인정되지 못한 가족이나 친지일 경우 비혈연 관계로 무연고가 되기에 1인 가족이 늘어나고 고독사가 증가하는 현실에서 무연고 사망자는 지속적으로 증가할 수밖에 없을 것이다. 신원불명은 신원을 식별할 수 없을 만큼 사체가 훼손된 상태를 말한다. 마지막으로 연고자의 시신 인수 거부는 연고자가 있지만 가족관계의 단절이나 경제적인 문제로 시신 인수를 거부하는 경우다. 전통적인 죽음문화가 점점 쇠퇴하는 상황에서 현실적인 문제로서 점점 대두되는 상황이다.

생사학의 관점에서 죽음의례는 애도의 중요한 과정이다. 전통적인 상례는 주검을 처리하고 고인을 추모하는 기간을 3년으로 보았지만, 현대에는 주검을 처리하는 데 중점을 두면서 3일장이 일반화되었다. 그러나 죽음의례는 고인을 위한 의례인 동시에 살아남은 자들의 의례이기도 하다. 사별로 인한 고통을 풀어내며 주변 사람들에게 위로받고 일상으로 복귀하는 과정이며, 고인이 속해 있던 사회공동체가 고인의 죽음으로 인해 맞게 된 위기를 극복하고 유대를 강화하는 경험을 통해 현재 삶의 중요성을 다시금 인식하는 역할을 한다.

주디스 버틀러(Judith Butler)는 『불확실한 삶』에서 누구의 죽음은 애도하고 누구의 죽음은 애도해서는 안 된다는 '애도성의 차별적인 할당'을 비판하며 누구의 죽음에 대해 애도할 만한 것이 아니라면 그가 누군가를 사랑했고 누군가로부터 고마워했던 그 사회의 가치도 없다는 함의를 제기했다. 삶을 비추는 거울로서 애도되지 않는 죽음문화의 부정은 죽음 의미의 부정이며, 죽음 의미의 부정은 삶의 의미를 근본적으로 부정하는 결과로 귀결될 것이다. 텐도 아라타(天童荒太)는 『애도하는 사람』의 주인공 시즈토를 통해 이렇게 말했다.

"죽은 사람들을 잊은 것을 용서받을 생각은 없어요. 그러나 누군가 죽은 장소를 찾아다니다 보면 너무나 많은 죽음을 무심히 지나쳤다는 생각에 가슴이 아파요.”

기억하고 위로하며 공동체의 유대감을 확인하는 애도의 방식으로 진중하게 다루어져야 할 죽음의례가 경제적인 논리만 내세워 지나치게 축소되고 생략되는 것은 아닐까? 무연고자들의 죽음을 통해 타인의 죽음에 무심한 우리의 태도를 돌아보게 된다.

4. 고독사, 소리 없는 외로운 죽음

> 벌레에 대한 애도조차 결국 자신에 대한 존중이며, 자신과 유사한 운명을 겪을 생명에 대한 경외감이다. 그것은 육체적 죽음보다 더 고통스러운 정신적 죽음, 인간 존엄성 말살에 대한 최소한의 저항이었던 것이다.
>
> _ 박병준 외, 『코로나 블루, 철학의 위안』 중에서

“어떻게 지내세요?”

“잘 지내요.”

사람들을 만날 때 자주 묻고 듣는 말 중의 하나다. 묻는 사람도 대답하는 사람도 으레 하는 말이지만 뭔가 쓸쓸한 뒷맛이 남는다. 그러다 “요즘 외롭지 않아요?”라고 다시 물으면 “항상 외로웠지요”라는 대답이 돌아오면서 말끝에 침묵이 흐르곤 한다. 처음 듣는 말도 아닌데, 이상하게도 ‘외롭다’는 말은 들을 때마다 먹먹해진다. 어떤 말로

위로를 해야 할지 상대의 마음을 함부로 가늠하기 어렵기 때문일 터이다. 침묵의 어색함을 말로 메우려고 할 바에야 차라리 침묵 속에서 지금 우리가 함께하고 있다는 '존재적 공감'을 느껴보려고 한다.

우리는 모두 근원적으로 홀로 있는 존재다. 관계 상실을 경험할 때마다 번번이 '근원적 고독(original solitude)'으로 돌아올 수밖에 없기에 새로운 관계를 통해 고립에서 벗어나려고 한다. 그래서 홀로 죽어감 앞에서는 그저 고개가 숙여지고 침묵하게 되는가 보다.

최근 언론 등에 '고독사(孤獨死)'라는 말이 심심치 않게 등장한다. 고독사는 '고립사(孤立死)', '무연고사(無緣故死)'와 혼용되기도 하지만 면밀히 살펴보면 의미가 조금씩 다르다. 고독사는 '사망 시점'에 홀로 사망했으며 일정 기간이 흐른 뒤에 발견된 죽음이고, 고립사는 사회안전망의 부재가 초래한 사회적인 고독사를 말하며, 무연고사는 '장례 시점'에 연고자가 없거나 연고자가 시신 인수를 거부한 경우를 말한다.

고독사든, 고립사든, 무연고사든 중요한 점은 죽어가는 과정에서나 죽은 이후에 그와 함께하거나 기억하는 사람이 없다는 것이다. 이른바 '애도되지 않는 죽음'이다. 최근 우리나라 통계지표를 보면 고독사 한 사람이 2016년 1,820명에서 2019년 2,536명으로 빠르게 증가하는 추세이며, 2020년 무연고 사망자 수는 2,880명이라고 한다. 2020년 1인 가구가 616만 명으로 전체 가구의 30%를 기록해 인구통계학상 앞으로 더 확산될 수밖에 없는 상황이다. 게다가 2019년부터 시작된 코로나19로 인해 비대면 시대가 가속화되면서 취약계층을 중심으로 고독사의 위험은 더 높아질 전망이다.

고독사를 양산하는 원인으로 개별화, 고령화, 빈곤화를 손꼽는다. 그중에서도 개별화는 가족, 친척 등이 함께했던 집단적 애도문화에서 개인주의적 애도문화로 죽음의 형태가 급격히 바뀌는 데 큰 영향을 미치고 있다. '자기다움', '자기중심성'을 강조하며 집단과 조직에서 맺는 관계의 중요성은 상대화되고 가족, 친구, 동료 등도 잠시 모여 있는 '집성주의' 상태로만 의미가 있을 뿐 전통적인 유대관계가 약해져가는 무연(無緣) 사회를 향해가고 있기 때문일 터이다. 또한 우리 사회 심층에 자리잡은 '수치심' 문화와 '짐스러움에 대한 생사관'도 고독사에 한 몫을 더하고 있다. 자식이 있음에도 불구하고 '자식에게 부담주고 싶지 않다'거나 '자식에게 부탁하고 싶지 않다'는 생각에 홀로 죽음을 맞이하고 싶어한다는 것이다.

한 인간의 죽음은 개인적인 사건인 동시에 사회적인 사건이다. 어느 사회든 상장례를 통해 고인의 삶을 추모하고, 살아 있는 사람들은 자신 또한 죽어갈 운명임을 자각한다. 그런 의미에서 우리 사회에서도 2021년 4월 1일부터 고독사 예방법이 시행된 것은 반가운 소식이다. 사회의 구조적 문제에 대한 근본적인 고민은 물론 죽어가는 사람의 존엄성과 더불어 생사관에 대한 깊이 있는 시선이 어느 때보다 절실한 시기다. 관계의 단절이 일상화되는 사회에서 죽음마저 단절되는 고독사의 의미를 묵직하게 되새겨본다.

5. 간병살인, 마지막 시간의 선택

"만일 그대가 그대의 자식이나 아내, 친구들이 언제까지나 살아 있기
를 바란다면 그것은 어리석은 일이다. 왜냐하면 '그대에게 달려 있지 않
은 일'을 그대가 통제하기를 바라고 '남의 것'이 그대의 것이 되기를 바
라는 것이기 때문이다."

_ 에픽테토스, 『엥케이리디온』, 14장

10년 넘게 치매에 걸린 노모를 돌보는 남성과 만난 적이 있다. 그
는 10년 전까지만 해도 자기 분야에서 성공을 이룬 사람이었고 아내
와 자녀를 둔 가장이었다. 그런데 40대 중반에 아버지가 돌아가셨다.
어머니는 같은 병원에 입원한 치매 환자였다. 살날이 얼마 남지 않았
다는 의사의 말에 그동안 못한 효도를 이제라도 해야겠다고 여기며
하던 일을 모두 중단하고 어머니를 돌보기 시작했다. 그런데 의사의
말과 달리 어머니를 돌보는 일이 10여 년을 넘기게 되었다. 그동안
가족과 생이별을 하는 처지가 되었지만 어머니의 병세는 진척도 없
이 매일매일 위중한 상태였다. 이러지도 못하고 저러지도 못하는 상
태에서 몸과 마음이 점점 지쳐갔다. 이러면 안 되지, 하면서도 오죽하
면 '간병살인(看病殺人)'이라는 말까지 떠올리게 되었노라고 했다.
　"효도로 시작한 돌봄이 어떻게 살인이라는 생각을 하는 데까지 이
어졌는지…… 저 자신도 이해하기 어렵습니다. 하지만 돌봄에 지쳐
부모를 죽이고 자신의 목숨마저 끊은 사람들의 심정을 이해할 수 있
을 것 같아요."

그의 말이 너무나 먹먹하게 들렸다. 어떤 말을 해야 그를 진정으로 위로할 수 있을까. 그저 그의 처연한 눈빛을 바라보며 고개를 끄덕일 뿐이었다.

우리는 가족의 마지막을 함께하고 싶어한다. 임종을 앞둔 가족을 바라보며 알 수 없는 엄숙함과 경외감을 느끼면서도 이제 더 이상 볼 수 없다는 슬픔과 아픔을 경험하며 애도의 시간을 맞는다. 어머니의 뱃속에서 세상 밖으로 나와 독립된 삶을 살아가고 있지만 태초의 연결성이라는 근원적 감정을 재체험하는 시간인 것이다. 그래서 죽어감과 죽음이야말로 인간의 참된 속성을 다시 한 번 밝혀주는 카이로스(Kairos)의 시간일 터이다.

그러나 우리는 어디에서 왔다가 어디로 가는지, 죽음 이후에 세상이 있는지, 인간 근원에 대한 탐구 없이 그냥 살다가 때가 되면 죽는다. 최근 통계에 의하면 한국인들의 80% 이상이 병원에서 임종을 맞이한다고 한다. OECD 국가 중에서도 가장 높은 수치다. 자택이나 호스피스(hospice)에서 임종을 맞이하는 경우는 20%에 지나지 않는다. 그마저도 호스피스에서 머무는 시간은 10여 일 내외라고 한다. 현대 사회에서 노환으로 자연스럽게 죽는 사람들이 드문 듯하다. 죽음이 다가오면 병원으로 달려가 치료를 받다가 죽기에 대부분 죽음의 원인은 질병이 된다. 삶을 회고하고 정리하며 사랑하는 가족과 이별을 준비할 시간조차 없이 촌각을 다투는 응급상황 속에서 허무하게 죽고 마는 것이다.

차에 손님을 태우고 가다가 계기판에 경고가 뜨면 속도를 줄여 차를 세우고 문제를 점검하기 마련이다. 위험신호를 무시하고 기존 속도로 주행하면 더 큰 사고로 이어질 것이다. 차를 우리 몸에 비유하면, 운전자는 마음이고 손님은 영혼이다. 어쩌면 우리는 삶의 관성 때문에 몸이 영혼에 충격을 주는 죽음을 맞이하고 있는 것은 아닐까. 나이가 들어 몸 여기저기에서 신호가 오면 삶의 속도를 줄이며, 지난 삶을 되돌아보고 죽음을 준비해야 한다.

우리 속담에 '개똥밭에 굴러도 이승이 낫다'라는 말이 있다. 어떤 수단과 방법을 동원하더라도 병든 부모를 살리는 일이 자식 된 도리라고 생각한다. 하지만 육체의 생명만 연장하다 호흡이 멈춰 죽는다면, 죽어가는 사람 앞에 수많은 기계장치와 마스크를 한 의료진만 보인다면, 이러한 죽음이 과연 우리가 원하는 죽음의 순간일까.

이미 초고령 사회로 진입한 일본에서는 노인의 죽음 문제가 사회적 이슈로 제기되면서, 자신이 살던 곳에서 의료적 처치를 최소화하고 자연스러운 죽음을 맞자는 '평온사(平穩死)'가 사회적 관심을 끌고 있다고 한다. 한 설문조사에 따르면 환자의 60%가 집에서 죽기를 원한다고 했다. 일본 정부 또한 자택임종을 원하는 환자들에게 방문치료와 재택 의료를 권장하며 의료보험 비용을 적극적으로 지원한다고 한다.

우리 사회는 노인들의 죽음을 어떻게 바라보고 있는가. 죽어가는 사람의 존엄성과 인권의 시각에서 바라보고 있는가. 통제할 수 없는 상황에 자신을 내어줄 것이 아니라 온전한 의식에서 삶을 마무리할 수 있는 계획이 필요하다. 누구라도 원치 않는 상황에서 이별을 당할 수 있기 때문이다. 삶은 죽음을 향한 긴 여행인 만큼, 떠나기 전에 준비를 더 잘해야겠다.

6. 죽어가는 사람도 살아 있는 사람이다

어떤 사람들은 임종하는 이들이 이미 죽었거나 혹은 죽은 것이나 다름없는 듯 행동을 한다. 이는 부정확하며 도움이 되지도 않고 심지어 상처가 된다. 죽어가는 사람도 살아 있는 인간 존재이다.

_ 찰스 A 코르, 『현대 생사학 개론』 중에서

2022년 6월 말, 아버님의 상태가 심상치 않다고 집에서 연락이 왔다. 3년 전 어머님이 돌아가신 후부터 아버님은 삶의 의욕이 부쩍 꺾인 모습이었다. 활동 반경 또한 줄어든 터라 시간이 될 때마다 얼굴을 뵙고 말벗이나마 되어드리려고 노력했지만, 80대 중반을 넘긴 데다 지병도 있어서 이번엔 생사의 장벽을 넘기 어렵겠구나, 하는 직감이 들었다. 임종학(臨終學)과 호스피스를 배웠기에 나름대로 몸의 상태를 살폈다. 예상보다 병세가 위중해 바로 응급실로 모셨다.

그때부터 40여 일을 중환자실과 일반 병동을 오가다가 마지막으로 모신 요양병원에서 최후의 숨을 몰아쉬며 세상을 떠나셨다. 아버지를 돌보고 보내드리는 시간 동안 매일 죽음과 사투를 벌이는 환자의 고통을 다시금 바라보게 되었다. 그리고 가족들과 환자들을 돌보는 간병인, 의사와 간호사, 관련 병원 관계자들의 모습 또한 새롭게 인식하게 되었다.

환자와 가족 입장에서 가장 궁금한 것은 환자의 현재 상태이며 앞으로 어떻게 될 것인가에 대한 것이다. 그런데 바로 그것을 제대로 알지 못해 불안해진다. 죽어간다는 것 특히 임종에 대한 일반적인 생각은 부정적인 듯하다. 환자를 '자신에 대해 잘 인지하지 못하는 존재'로 인식하거나 굳이 나쁜 소식을 전달할 필요가 있느냐며 최소한의 정보만을 공유한다. 불안과 걱정 때문에 의사의 입만 쳐다보거나 간호사나 간병인의 입을 통해 들은 말로 오늘 하루 무사히 보냈다고 안도할 뿐이다. 그러나 우리는 그들이 입을 열기 전부터 상태를 느끼곤 한다. 환자의 상태에 대해 일부러 담담하게 대하는 표정이나 무거운 병실의 공기, 환자를 둘러싼 각종 의료기구의 양과 부착 여부를 보며 말보다 확실하게 상태를 직감하는 것이다. 그래도 말에 의존하는 것은 현재의 상태를 부정하거나 내가 경험한 것을 확인받고 싶어서일 것이다.

언제부터 낮이고 언제부터 밤인지 정확하게 구분하는 일이 쉽지 않듯이, 환자가 언제부터 회복되어 생의 여명을 사는지 치명적인 상태로 임종을 맞이하는지 알기란 어려운 일이다. 다만 한 가지 확실한 것은 병에 걸린 사람이나 임종에 가까운 사람 모두 존엄성을 지닌 인간이라는 점이다. 몸과 정신이 온전히 건강할 때만 사람이라고 할 수 있는가? 그렇지 않다. 의식을 잃고 있어도 임종 직전이어도 존중받고 싶은 마음은 마찬가지다. 살아 있다면 삶의 희로애락을 느끼는 사람이기 때문이다. 생명이 삶과 함께 시작되듯이 임종에 이르는 과정도 삶의 경험의 일부이며 죽음을 확인하지 않을 때까지는 분명 살아 있는 존재이다.

임종학에서 글레이저(Glaser)와 스트라우스(Strauss)는 환자와 치료자, 가족들 간의 상호작용을 4가지 기본 형태로 구분해놓았다. 첫째는 '은폐형 인식'이다. 임종에 있는 사람은 문제가 있기에 의학적 정보를 제공하지 않는다는 관점인데 환자가 충격을 받을 수 있기에 진단과 예후를 알려주지 않는 것이 더 낫다고 생각하는 것이다. 둘째는 '의심형 인식'이다. 환자가 자신에 대한 정보를 모두 제공받지 못한다고 의심하는 것으로 치료와 관계에 신뢰를 갖기 어렵기에 향후 소통을 복잡하게 만든다. 셋째는 '상호 위장된 인식'이다. 의료 정보는 열려 있지만 환자는 가족을 생각해서, 가족과 치료자는 환자를 생각해서 시트콤 연기자처럼 행동하는 것으로 일시적으로 상황을 모면하는 데는 도움이 되지만 많은 경계와 노력이 필요하며 연기에 실패할 경우 전체 구조가 붕괴될 수 있다. 넷째는 '공개된 인식'이다. 임종자와 관련된 모든 사람에게 현재 상태와 예후를 공개하고 논의하는 상황을 만들어가는 것으로 후폭풍이 올 수는 있지만 관련자들이 상호작용을 통해 솔직하게 소통하고 임종 준비와 대처가 가능하다는 측면에서 가장 생산적인 방식이라고 볼 수 있다.

현대 호스피스 운동의 선구자인 손더스(Saunders)는 죽어가는 사람들이 돌보는 사람들에게 요청하는 3가지를 정리했는데, "도와주세요(고통을 완화해 주세요)", "내 이야기를 들어주세요(말을 하고 듣고 싶어요)", "날 혼자 내버려두지 마세요(누군가 내 곁에 있어주세요)"이다. 누구든 절대 피할 수 없는 것이 죽음이다. 피할 수 없다면 어떻게 해야 할까. 죽어가는 과정을 피동적으로 당하거나 감정의 벌집을 건드리지 않으려고 애쓰기보다 할 수 있는 것을 해내면서 자신의 통제력과 능동성을 확보하는 것이 더 낫지 않을까. 삶이란 이해할 수 없는 것을 통해 자신의 한계를 직면하고 인식하면서 한계가 자신의 강점이 되는 신비이기 때문이다.

7. '박탈된 비탄', 빼앗긴 슬픔에 대한 애도

사랑하는 사람을 잃으면 우리는 자신의 일부도 함께 잃어버리게 된다. 그러기에 특별한 노력 없이는 현실을 받아들이고 마음의 평화를 얻기 어렵다.   _ 안 앙셀렘 슈창베르제, 「차마 울지 못하는 당신을 위하여」

도카(Doka)가 착안하고 아티그(Attig)가 발전시킨 '박탈된 슬픔(disenfranchised grief)'은 사회적으로 인정받지 못하는 관계에서 발생한 상실을 말한다. 타인의 지지를 받지 못하고 상실의 아픔을 공유할 수 없기에 삶에 적응하기 어렵고 회복하기도 힘들다. 애도할 수 있는 권리를 박탈당했기에 원망, 분노, 불안, 수치감, 죄책감, 무력감 등 강한 정서적 반응으로 드러나며 사회적 지원과 지지가 결여되어 더욱 고립되고 소외된 상태에 처하게 된다.

박탈된 슬픔의 유형을 살펴보면 다음과 같다. 첫째, 사회적으로 인정되지 않는 유형으로 낙태, 유산, 사산 등 임신 관련 상실이나 반려동물의 죽음 등이다. 둘째, 사회적으로 말할 수 없는 유형으로 동성연인이나 외도 파트너의 죽음, 자살로 인한 죽음 등이다. 셋째, 애도 공간에서 배제되는 유형으로 혼외 자녀의 장례식장 참여 배제 등이다. 넷째, 애도 방식이 사회문화적으로 허용되지 않는 유형으로 남성들이 상장례에서 목놓아 울지 못할 때 등이다.

박탈된 슬픔은 내면의 수치심과 관련이 있다. 수치심은 자기 안에 구축된 타자의 시각으로 자신을 보는 감정으로 친밀한 관계에서 자신의 부정적인 모습을 보게 될 때 더욱 심해진다. 사회적 기준으로 자신이 정당하지 못하거나 기준에 미치지 못하면 위축된 마음에 지워지지 않는 상처가 남는다. 상실을 겪은 후에도 애도하기 어렵고 스스로 무가치한 존재로 낙인찍는다.

상실과 사별에 따른 경험은 사별자를 예전과 다른 환경에 놓이게 한다. 자노프-불만(Janoff-Bulman)의 박살난 가정 이론(Theory of shattered assumptions)에 따르면 사별 경험 후 사별자는 세상에 대한 안정성의 신념, 합리적인 세상에 대한 신념, 자기 가치에 대한 신념 등 기존의 신념 체계가 붕괴되는 경험을 하기에 혼란 속에서 현실 적응에 어려움을 겪는다.

정신분석 관점에서는 우리가 바라보는 현실이 심리적 현실과 실제적 현실로 구성되어 있다고 본다. 심리적 현실은 무의식과 현실 세계와의 상호작용으로 빚어지는 현실인데, 예를 들면 환상이나 망상 같은 것들이다. 이때 환상이나 망상은 본질적으로 사별자의 내면에 숨겨져 있던 것이 표현된 것이다. 우리는 실제적 현실에서 소망과 욕구를 실현하려고 애쓰지만 여러 가지 이유로 좌절당하고 거부당한 과거의 상처를 안고 살아간다. 평소엔 이런 아픔을 견디며 살아가지만, 지나치게 충격적인 상황에 처하면 내면 깊숙이 고착되어 있던 상처가 외부 세계로 드러나고 마는데, 이런 행위가 바로 환상인 것이다. 이런 의미에서 환상은 내적 상처에 대한 외적 표현이며 자기를 보호하기 위한 방어적 행위이자 궁극적 치유라고 해석할 수 있다.

'눈에는 눈, 이에는 이'라는 처벌적 관습이 지배하는 사회에선 어떤 죽음은 다른 죽음보다 고귀하거나 비천하다고 여기며 편 가르기를 한다. 생전의 모습, 사회적 인식에 따라 평가는 달라지지만 사별자, 애도자의 관점에서 바라보면 죽음은 죽음일 뿐이다. 처벌이 문제를 해결하지 못한다는 사실에 관심을 갖고 새로운 대안을 제시하는 관점이 '회복적 정의'이다. 회복적 정의는 높은 수준의 통제를 사용하면서 높은 수준의 후원을 진행한다. 나쁜 행동은 공개적으로 비난하고 야단치지만 그 사람의 진정한 가치는 인정하고 칭찬한다. 문제가 문제이지 사람이 문제가 아니라는 것이다.

　말할 수 있는 것을 말하게 하고, 어떤 행동으로 피해받은 것을 회복시켜야 할 대상으로 여기며 애도작업에 적용한다면 개인의 치유가 조직과 공동체의 치유로 성장하는 과정이 될 수 있지 않을까. 박탈된 슬픔을 경험하고 있는 사람들이 그 어떤 편견과 모멸도 받지 않고 애도의 과정을 회복해서 자신의 생각과 감정을 더 많은 사람들과 공유할 수 있게 되기를 바란다.

8. 애도문화로서 죽음의례에 대한 생각

　"하루 만에 하는 것도 있어요. '장례식에 대한 거품들이 좀 많이 빠지지 않을까'라는 생각이 들어요. 가족 중심으로. 이제는 그래도 된다는 사람들이 많아지고 있어요. 옛날에는 그러면 좀 불효자라는 생각이 들었는데 코로나 때문에 사람들이 안 오는 추세이다 보니까 그냥 가족들끼리 하는 것도 괜찮다는 인식이 많아졌고 '좀 더 검소해지지 않을까'라는 생각이 들어요."

_ 양준석, 「코로나 시대 애도문화의 변화연구」 참여자 인터뷰 중에서

코로나19 이후 비접촉을 강조하는 문화 속에 애도문화가 축소화되고 간편화되고 있다. 사회적 거리두기, 집합금지 조치가 시행되고 외출에 대한 심리적 불안감이 작용하면서 장례식장을 이용하는 조문객 수가 대폭 줄어들었다. 이런 현실을 반영해 가족장, 무빈소, 하루장 장례식 등 차례 절차를 간소화한 '작은 장례식'이 생기고 있다. 최근 어느 가족은 암으로 돌아가신 아버지의 장례식을 가족장으로 치렀는데 직계가족 13명만 모였고, 조문객은 받지 않았다고 한다. 이렇게 '작은 장례식'을 선택한 사람들은 기존의 장례 관습에서 벗어나 각자의 방식으로 조용히 고인을 추모하는 듯하다. 비대면 장례문화도 활성화되고 있다. 부고 알림에 '조문은 정중히 사양합니다'라는 문구와 함께 계좌번호를 담아 보내는 것도 어렵지 않게 볼 수 있다.

죽음의례는 약 2만 년 전부터 시작된 인간만의 문화이다. 고대부터 인간은 탄생과 죽음은 물론 죽음 이후의 현상에도 관심을 두었다. 사람이 죽으면 완전히 사라지는 것이 아니라 조상으로 남아 자손을 위해 음덕을 베푸는 존재가 된다고 믿었다. 죽음의례를 통해 삶과 죽음의 과도기가 있다고 생각했고, 그 경계에서 살아 있는 자와 고인의 유대성이 연결된다는 의미를 부여한 것이다. 이런 생각은 우리나라만의 문화적 특징은 아니다. 각 나라마다 상징적이고 함축적인 애도문화를 갖고 있다. 죽음의례는 통과의례로서 새로운 질서와 지위를 가지며 삶의 주기적 단계를 만들어내고 죽음과 죽음 이후의 존재에 대한 초월성을 끌어들인다.

우리나라의 상장례문화를 살펴보면 고인의 시신을 처리하는 방식과 고인을 애도하는 방식에 따라 상례(喪禮)와 제례(祭禮)로 나뉜다.

보통 상례는 장례식장에서 3일장으로 치르고 삼우제를 지내면 일단 락된다. 이후 각 종교의 의례에 따라 사십구재나 미사, 예배 등을 거친 후 탈상을 하면 상례를 지나 제례로 넘어간다. 이때 사후 세계에 대한 관념이 강한 가족은 죽은 이가 사후 세계로 잘 갈 수 있도록 준비하는 것에 관심을 두고, 사후 세계보다 현생에 대한 관념이 강한 가족은 사별한 이들이 서로 슬픔을 위로하고 지지하는 현실에 더 관심을 둔다. 이에 비해 제례는 명절과 기일에 행하는 차례와 제사, 벌초와 성묘 등 조상의 넋을 기리는 실천윤리로서의 성격이 강하다. 시대에 따라 형식과 규모가 변화하기는 했지만 여전히 애도문화로 존재하고 있다.

애도문화로서 죽음의례는 유족들이 고인의 죽음을 수용하고 사별의 슬픔과 고통을 공식적으로 드러내어 애도하게 하는 기능을 가진다. 실제 죽음의례는 애도자가 죽음으로 인한 비탄을 드러내고 슬퍼하게 함으로써 감정 정화와 감정 조절의 기능을 가능하게 한다. 또한 고인의 죽음을 추모하기 위해 함께 슬픔을 표현하고 공감하며 지지하는 사회적 기능을 수행한다. 더불어 죽음이라는 실존적 경험을 통해 죽음 이후와 같은 영적인 세계에 관심을 갖게 한다. 죽음은 누구에게나, 언제나, 어디에서나 닥칠 수 있다는 것을 깨달으며 죽음의 실존적 현실을 직면하는 것이다.

우리나라는 고인이 돌아가신 날을 기점으로 3일장을 치르는 것을 보편적이라고 여기고 있다. 직장에서도 친상을 당하면 삼우제가 끝나는 날까지 휴가를 받는다. 애도하는 과정에 시간과 사회적 지원이 필수라는 인식이 있기 때문이다. 하지만 갑자기 찾아온 코로나19로 인해 애도의 시간이 축소되고 있는 듯하다. 상황에 따라 애도문화가 변해가는 것은 자연스러운 현상일 터이다. 다만 갑작스러운 변화가 우리가 지켜온 애도문화를 박탈하거나 생략해버리는 비인간적인 문화로 변질되지 않기를 바랄 뿐이다.

9. 애도작업, 사별 후 애도적 개입에 대하여

봄기운이 스며들면 그동안 잡고 있던 명 끈을 맥없이 놓고 떠난다. 얇고 가느다란 목숨은 뜨겁고 습한 여름 날씨에 견디지 못하고 쉽사리 떠난다. 가을은 작별하기에 내남없이 쓸쓸하지만 죽기에 알맞고 좋아서 "여기서 이만" 하고 선선하게 떠난다. 겨울이야 살기에 버거운 계절이니 힘 빠져 기진하여 더 못 버티고 툭 이승의 끈을 놓아버린다.

_ 권혁란, 『엄마의 죽음은 처음이니까』

봄, 여름, 가을, 겨울 사계절 중에 죽음과 관련 없는 계절이 있을까. 누군가는 봄에 떠나고 누군가는 겨울에 떠난다. 죽음이 계절을 가리지 않고 찾아온다는 점에서 죽음으로부터 자유로운 계절은 없을 것이다. 지금은 내가 누군가의 부고를 받고 조문을 가지만 다음은 내 차례일 수도 있는 것처럼 죽음은 계절의 순환처럼 자연스러운 일이다. 태어나고 성장하고 삶의 다양한 경험을 하다가 죽는 일은 생명을 가진 존재라면 모두 겪어야 하는 과정이지만, 누군가에는 사별이 삶의 위기로 다가오고 이후의 삶을 영위하는 데 큰 문제가 될 만큼 외상

(trauma) 경험으로 남는다.

죽음학에서 유명한 논쟁 중 하나가 '사별 후 개입을 어떻게 볼 것인가'이다. 죽음을 자연스러운 과정으로 보는 입장에서는 시간이 흘러가면 내적인 삶의 욕구에 의해 사별 후 애도가 마무리되고 자기 삶을 살아가는 심리적 회복력이 우리 모두에게 있다고 주장한다(프리드만Friedman, 2012). 이러한 입장은 주류 정신학계의 주장으로 사별 후 애도의 과정에서 치료적 접근이 자연스러운 회복 과정을 방해하기에 개입하면 안 된다는 것으로, 많은 사람들이 사별을 경험한 후 자연스러운 치유 과정을 통해 상실의 고통을 극복하는 경험을 하기에 이 주장은 상당히 설득력 있게 개진되었다.

하지만 다른 입장에서는 죽음은 누군가에게는 외상 경험이 될 수 있으며 시간이 흘러도 치유되기 어렵고 심지어 사별 경험이 만성화되고 지속되거나 더욱 악화되는 경향이 있다고 주장한다(프리거슨 Prigerson, 1995). 이러한 입장은 임상 현장의 경험을 기반으로 애도 상담과 치료의 사례가 적지 않게 보고된 사실을 바탕으로 하는데, 이들에 대한 애도상담과 치료적 개입이 적극적으로 필요하다고 주장한다. 이런 주장은 미국정신의학계가 5판으로 개정한 『정신장애진단통계편람(Diagnostic and Statistical Manual, DSM)』에 사별 후 심리적 증상으로 지속성 복합사별장애(Persistent and Complex Bereavement Disorder)가 수록되면서 사별 후 심리적 안정을 위한 개입의 필요성이 더욱 지지되었다.

이 두 가지 입장은 모두 맞는 말이다. 다만 '사별 경험이 어떠했고, 누구에게 초점을 두고 어떤 시각으로 애도를 다룰 것인가'는 별도의 문제가 될 것이다. 죽음은 존재론적 관점에서 무엇이 있다가 없어지는 현상으로 자연의 생멸(生滅) 법칙과 다르지 않지만, 심리적으로는 고인과의 관계 경험과 애도자의 심리적 자원에 따라 반응이 다를 수밖에 없기 때문이다.

사별 경험도 외상과의 관련성에 따라 외상이 없는 사별 경험과 외상성 사별 경험(traumatic bereavement)으로 나눌 수 있다. 외상이 없는 사별 경험은 외상 증상을 겪지 않고 사랑하는 사람의 죽음을 경험하는 것으로 사별 후에 겪는 애도 증상이 경험의 대부분이다. 하지만 외상성 사별 경험은 정신적 충격과 외상 후 스트레스와 같은 증상을 야기시킨다. 외상이 없는 경험은 비애와 슬픔을 다루는 것이 주가 되지만 외상성 사별 경험은 외상 증상이 주가 된다.

우리 사회도 몇 년 전부터 안전을 중요하게 여기고 있지만 사회적 참사가 자주 일어나고 있으며 폭력적인 죽음에 노출된 사건들이 매년 증가하고 있다. 사회적 갈등이 만연한 사회에서 발생하는 차별과 폭력은 더 많은 사람들을 트라우마와 죽음에 노출시킬 것이다. 어떤 개입이 가장 효과적일지 슬픔과 외상에 대한 더 많은 연구가 필요한 이유이다. 위기가 만연한 사회에서 사별 경험은 온전히 개인의 책임으로 전가될 수 있으나, 한 가지 분명한 것은 이에 대한 대응과 개입은 사회적 책임이 요구된다는 사실이다.

10. 삶은 끝나도 관계는 지속된다

"사별 후의 극심한 슬픔은 언제나 오래가지 않아 끝이 납니다만, 그 후 무엇으로도 고인을 대신할 수 없는, 마음을 달랠 길 없는 기나긴 날들이 어어집니다. 다른 무엇으로 대체해보려 해도, 역시 고인과는 어딘가 다를 수밖에 없습니다. 하지만 그걸로 괜찮습니다. 그렇게 해야만 고인에 대한 사랑을 유지해갈 수 있습니다."

_ 빈스방거, 「프로이트에 이르는 길」에서

우리 말에 '부모가 죽으면 땅에 묻고 자녀가 죽으면 가슴에 묻는다'는 말이 있다. 자녀가 자신보다 먼저 죽는 건 상상도 하지 못할 일이기에 그만큼 수용하기 어렵고, 부모 된 도리로서 자녀의 죽음을 고통스러워한다는 뜻일 것이다. 사별 경험은 대상마다 맺고 있던 관계의 역사가 다르기에 경중을 비교할 수 없다. 그럼에도 자녀와의 사별 경험은 특히 비탄스러운 일이다. 실존주의 분석가 빈스방거(Bingswnger)는 큰아들을 잃었는데, 갓 스무 살이 된 장남이 비극적인 죽음으로 생을 마감한 후 비통한 마음을 프로이트(Freud)에게 알리자 프로이트는 위의 말처럼 고인과의 애착은 철회되지 않고 오랫동안 유지된다고 하면서 그를 위로했다는 일화가 있다.

사별 경험 이후 약 6개월 정도가 지나면 서서히 일상생활에 적응하며 자신의 삶을 살아간다고 한다. 개인마다 심리적 탄력성과 회복력이 다르기에 시간의 차이는 있지만 대체로 6개월에서 1년 사이에 애도작업은 마무리가 되고 고인과의 관계를 정리하고 새로운 대상과의 애착관계를 통해 새로운 삶을 살아가는 것이다.

고인과의 관계는 죽음을 통해 끝났다고 보는 관점에선, 이미 죽은 사람에게 과도한 에너지를 쏟는 것은 이상한 일이며, 사별 후 일정 기간이 지났는데도 고인을 잊지 못해 정신적으로 힘들어하는 것에 부정적인 편견을 보이고 문제가 있다는 식으로 낙인을 찍기도 한다. 하지만 사별 후 경험에 대해 새로운 이해가 필요하다고 보는 관점에선, 사별자들은 예전 상태로 돌아오는 것이 아니라 마음에 빈 구석을 가진 채 현재에 적응하려고 애쓰는 상태라고 본다.

과연 어떤 것이 옳은 것일까? 사별 경험은 개인마다 다른 체험이기에 이것은 옳고 저것은 그르다고 말할 수는 없다. 다만, 드문드문 옛 생각에 감정이 젖어들더라도 현재의 삶에 집중하려고 애쓰는 것이 현실적인 관점이 아닐까 한다. 실제 이러한 점을 반영해 클라스(Klass)와 그의 동료들은 1996년의 사별 경험 연구를 통해 고인과의 관계가 사별 후에도 지속될 뿐 아니라, 발달 과정과 주변 환경에 따라 변화하고 진화할 수 있다고 주장한다.

슬픔의 극복은 관계를 끝내는 것이 아니다. 대상은 비록 물리적으로 더 이상 존재하지 않지만 고인과의 심리적 유대감은 인간의 발달과 환경의 변화와 함께 그대로 유지되고 형질이 달라질 수도 있는 것이다. 지속적 유대감(continuing bonds)은 그 사람을 표현하는 것과 내적으로 지속적인 유대를 유지하는 것을 의미하며 정적이지 않고 역동적이다. 또한 개인적인 애도 방식의 한 형태이며, 형식 또한 다양하고, 상실의 의미에 대한 타협과 재협상이 포함된다. 제사나 추모문화도 고인과의 유대감을 전제로 의례를 통해 유대감을 확인하는 것이라 할 수 있다.

그러나 죽음, 애도, 사별을 주제로 이야기를 꺼내면 대개는 거북스러워한다. 최근 어느 도서관에서 인문학에 대한 강의를 의뢰받았다. 내가 주로 다루는 분야가 생사인문학이라 삶과 죽음, 애도에 대한 강의를 제안했더니 코로나19로 다들 힘들어하는데 너무 무거운 주제가 아니냐며 단박에 퇴짜를 놓았다.

우리는 삶과 행복에만 집중하면서 살아간다. 죽음이나 사별은 먼 미래의 일이라고만 생각하거나 내 삶에 일어나지 않을 것이라고 여긴다. 그러다 갑자기 가까운 이들의 죽음을 경험하거나 죽음을 목전에 두면 허둥대며 황망해한다. 그제야 죽음이 삶의 이면 속에 항시 존재하고 있음을 깨닫는 것이다.

고집스럽게 삶만 바라보기보다 인식의 틀을 확장해 삶 속에 죽음이 함께하고 있다는 걸 직면하면 어떨까. 사별 경험 또한 억울하고 비탄스러운 것으로 치부할 것이 아니라 지난 삶의 '풍부한 추억'으로 기억하는 과정이라고 여기면 어떨까. 비록 지금은 보지 못하더라도 추억을 통해 고인과의 관계를 재정립하며 남겨진 유산을 풍부하게 꾸며내는 삶이 되지 않을까. 고인과의 지속적 유대감은 잃어버린 것을 완전히 포기하지 않더라도 새로운 상황 속에서 의미 있는 삶을 원하는 대로 살아갈 수 있다는 것을 일깨워준다. 앤더슨(Anderson)이 말한 것처럼 죽음은 삶을 끝내지만 관계를 끝내는 것은 아니기 때문이다.

2장

존엄한 죽음이
사라지는 사회

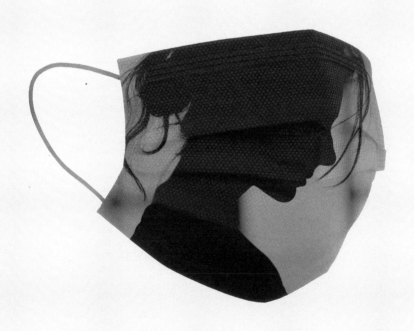

생사학(生死學)의 주요 논쟁 중 하나가 존엄한 삶, 존엄한 죽음에 대한 화두이다. 존엄함이란 무엇이며 어디까지를 존엄함이라 할 수 있을까. 삶에서 피하고 싶은 것들이 많을 테지만, 특히 늙어감과 죽음에 대한 두려움이 가장 큰 것 같다. 늙어감과 죽음에 존엄함은 없다고 생각하기 때문이다. 늙어감은 젊음을 유지한다는 소문 무성한 음식이나 화장품으로 대체되었고, 사람들은 되도록 빨리 죽음의 그림자에서 벗어나려고 한다. 그렇다면 과연 존엄함은 늙어감이나 죽음 속에는 존재하지 않는 것일까.

존엄(尊嚴)을 뜻하는 영어단어 dignity의 라틴어 어원은 dignitas인데 '높은 정치적, 사회적 지위와 그에 따른 도덕적 품성의 소유'를 뜻한다. 즉 인간과 동물을 구분할 때 인간만이 존엄함을 갖추고 있어 존경을 받을 수 있다는 것이다. 고대 그리스 철학자 아리스토텔레스(Aristotle)는 인간과 다른 피조물을 구분할 때 인간은 '엔텔레키(entelechie, 생명력)'를 가지고 있어 자기가 가지고 있는 모든 가능성을 실현시키려 한다고 했다. 전통적 사상에서 존엄성은 타고난 본성이며 기본 인권이기에 국가나 타인으로부터 보호돼야 마땅한 것이었다.

그러나 현대의 모습은 어떤가. 의학의 발달로 수명이 길어지고 생활 수준이 높아지면서 수명은 연장되었으나 무력한 노년을 사는 삶에서 인간의 존엄성을 찾아보긴 힘들다. 집안에 치매 환자라도 있다면 상황은 더욱더 급속도로 달라진다. 치매 상태에서 자신이 경험한 것을 밝힌 모건(Kath Morgan)은 자신이 치매 진단을 받자 의사가 노골적으로 무시하고, 간호사는 말도 하지 않은 채 혈압과 체온을 재고, 이름 대신 치매에 걸린 사람이라 부르는 등 인간으로서 존엄성이 훼손된 사례를 열거했다. 치매 환자를 돌보는 사람의 입장에서도 치매 환자는 큰 부담이 된다. 인지 기능의 퇴화로 사람을 알아보지도 못하는 사람을 어떻게 수용할 것이며 심리적, 육체적, 경제적 돌봄을 제공하기도 만만치 않은 일이다. 게다가 고령화 사회에서 치매는 흔한 질병처럼 발견되는데 정작 이들을 바라보는 사회의 시선은 곱지 않다.

그래서 많은 사람들이 고통, 불안과 함께 비참하게 늙어가고 죽어가는 것을 끔찍한 광경으로 생각한다. '나는 저렇게 비참하게 죽고 싶지 않다', '배우자가 그렇게 불쌍하게 죽는 것을 원치 않는다'라며 존엄사를 이야기한다. 기력과 외모를 무기력하고 허무하게 강탈당한 채 벌레처럼 비참하게 죽음을 맞고 싶지 않다는 말일 것이다. 하지만 과연 늙어감을 비참하게만 보아야 할까? 자연의 순리에서 생명의 존중이나 생사의 신비는 보지 못하고 타인에게 비춰지는 자신에 대한 수치감만 보이는 것은 무슨 이유에서일까.

인간의 존엄함은 삶의 고통에서도 드러나지만 죽음 앞에서도 엄연히 존재한다. 사람은 누구나 자신만의 목적과 목표를 지니고 있으며 자기 삶을 완성하려고 끊임없이 노력하는 존재다. 존엄성을 연구한 독일 철학자 페터 비에리(Peter Bieri)는 『삶의 격』에서 '존엄성이란 어떤 절대적인 속성이 아니라 삶의 방식, 즉 '삶의 격'이며, 우리가 자립성, 진실성, 가치 있는 삶에 대한 기준을 바로 세워나갈 때 드러난다'고 했다. 존엄한 삶의 세 가지 형태를 내가 타인에게 어떤 취급을 받느냐, 내가 타인을 어떻게 대하느냐, 내가 나를 어떻게 대하느냐로 분류하면서 존엄이란, 스스로 선택하고 결정하며 책임지는 것이라 했다. 존엄함은 내재된 가치이자 본성이지만 생활 속에서 어떻게 구현할지는 본인의 몫이라는 것이다.

"자신의 존엄성에 대해 끊임없이 사유하고, 고통스러운 삶 속에서도 운명론에 빠지지 않고, 육체와 정신이 무너져도 죽음의 존엄함은 신비로운 것으로 남는다"는 모니카 렌츠(Monika Renz)의 말을 한 번쯤 되새겨볼 만하다.

1. 팬데믹이 끝나지 않는다

국내 코로나19 팬데믹 현황은 2022년 9월 3일 현재 일 사망자 74명, 누적 사망자 27,014명이었고, 일 확진자 79,746명, 누적 확진자

23,497,048명으로 집계되었다. 전 세계적으로 229개국에서 사망자 일 2,039명, 누적 사망자 6,503,494명이었고, 일 확진자는 443,765 명, 누적 확진자 608,340,711명으로 집계되었고 치명률은 1.07%를 기록하고 있다(질병관리본부 코로나바이러스감염증-19, 2022. 9. 3). 세계 보건기구가 2020년 4월 팬데믹을 선언한 지 3년이 지났지만 전 지 구적으로 위기감이 지속되고 있으며 기간이 길어짐에 따라 우리의 삶의 방식을 송두리째 뒤흔들어놓고 있다.

팬데믹의 근본 원인에 주목하는 학자들은 단순한 바이러스의 창궐 이 아니라 생태학적 차원에서 봐야 한다고 주장하고 있다. 이미 전 지 구적으로 생물체들이 대량 멸종이 진행되고 있으며 그 주된 원인은 인간의 욕망과 지나친 활동이라는 것이다. 실제 인간의 이익과 편리 성을 위해 20세기 들어서면서 무분별한 개발로 인해 환경이 파괴되 었고, 이로 인한 지구 온난화, 동물 서식공간의 축소와 도시의 밀집화 가 있었다. 세계 여행과 무역의 증가로 인한 이동, 유통의 고속화 등 급격한 환경 변화는 이전과 다른 자연적인 경계선을 훼손시키면서 지구 생태계의 문제를 야기했다는 것이다. 진화생물학자인 롭 월러 스(Rob Wallace)[12]는 코로나19의 원인을 글로벌 경제 구조 속에서 야

---

12 롭 월러스, 구정은 · 이지선 역, 『팬데믹의 현재적 기원』, 너머북스.
농업에서든 축산업에서든 단종생산은 야생동물에서 가축으로, 그리고 축산 노동자에게로 이어지는 병원균의 감염을 촉진한다. 삼림을 베어내고 개발이 일어나면서 전파되는 감염균의 분류학적 범위도 넓어진다. 일단 이런 병원균들이 농업 생산의 사슬 속에 들어오면 그 생산방식 탓에 병원균의 병독성 이 높아지는 쪽으로 진화하고, 유전자 재조합이 일어나고, 면역 억제 속에서 항원의 변화가 늘어나는 쪽으로 '선택'이 이뤄진다. 이런 생산방식의 특징 중 하나는 교역의 확대다. 이를 통해 새롭게 진화한 균주는 세계의 한쪽에서 다른 쪽으로 수출된다. 질병을 넘어서는 시각을 가져야 질병을 제대로 볼 수 있다.

생을 침범하는 '공장식 농축산업'을 통한 바이러스의 공간 이동과 확산이 원인이라고 밝혔다.[13] 21세기의 주요 전염병으로 명명된 조류독감, 사스, 광우병, 코로나19 등은 환경오염으로 인한 동물들에 의한 감염질병이었기에 이러한 주장이 더욱더 설득력을 지니고 있다.

사실 백신 개발이나 치료제가 나와도 이러한 인간의 욕망과 활동이 자제되지 않는 한 변이 바이러스나 신종 바이러스에 의한 감염성 질환은 계속해서 전 세계를 위협할 것이다. 그 사실이 우리를 더욱더 암담하게 만드는 일이다. 그래서 일각에서는 더 이상 바이러스에 의한 전염병을 방역과 퇴치라는 관점보다는 함께 공존하고 더불어 살아가야 한다는 '위드 코로나(With Corona)'로 전환할 것을 주장하고 있다. 사실 신종 바이러스 출현이나 변이 바이러스의 창궐은 인간의 의과학으로 감당해낼 만한 수준이 아니기에 이제 인간은 '호모 사피엔스(Homo Sapiens)'가 아닌 '코로나 사피엔스(Corona Sapiens)'로 살아갈 수밖에 없을 것이라는 불안이 내면에 도사리고 있다.

실제 우리는 '코로나 포비아(Corona Phobia)'의 시대에 살고 있다. '코로나 포비아'는 신종 코로나19의 감염자와 비감염자의 정신적 고통에 의한 우울증을 시사하는 신조어로, 코로나19 사태의 장기화로 일상생활에 큰 변화가 닥치면서 생긴 우울감이나 무기력증을 뜻한다. 코로나 탓에 대부분의 오프라인 활동들이 비대면으로 빠르게 전환되면서 요즘 들어 급격히 심리적 우울감, 불안감, 무기력, 수면부족 등을 호소하는 사람들이 2020년 한 해에만 100명을 훌쩍 넘기는

---

13 월러스, 2020년 3월 〈먼슬리리뷰〉 기고

등 관련 증상들을 호소하는 사람들이 점차 증가하고 있다. 우리나라에서도 코로나19가 발발한 지 1년이 되면서 우울증을 뜻하는 '코로나 블루(Corona Blue)'를 넘어 분노와 불안을 나타내는 '코로나 레드(Corona Red)', 일상의 암담한 감정을 느껴 무기력에 이르는 '코로나 블랙(Corona Black)'이라는 신조어가 나올 정도다.[14]

비대면 접촉과 사회적 거리두기에 의한 활동 제약으로 고립과 고독한 삶으로 이어지고, 이는 많은 사람들에게 우울함과 불안함으로 나타나고 있다. 사회적 거리두기 지침은 언택트 문화를 만들었고 가족과도 소통이 부재한 가운데 더욱더 개개인은 고립된 존재로 남게 되었다. 실제 코로나19 사태를 경험한 노인들은 코로나 확산에 대한 두려움, 확진자와 사망자 증가 소식에 대한 두려움, 외출 자제로 인한 우울함과 무기력감을 경험했다고 한다.

날로 심각해지고 만성화되는 팬데믹 현상에 근본적인 성찰 없이는 이 문제에서 벗어날 수 없을 것이다. 인간 중심의 욕망과 편리성의 추구가 팬데믹을 가져올 수밖에 없기에 이제 생태 중심의 전환적 사고와 태도, 함께 공존하는 방식으로 변화하지 않으면 인류의 미래는 수없이 많은 죽음을 당할 운명에 직면할지도 모른다. 코로나 팬데믹으로 우리는 이전보다 죽음에 가까이 와 있다. 모든 현상에는 의미가 있듯이 코로나19를 겪으면서 자연과 인간, 삶과 죽음, 인간과 인간에 대한 관계를 근본적으로 탐문하는 성찰이 필요하다.

---

[14] "우울하다 못해 화가 난다"… 코로나 블루에서 레드·블랙까지, 〈YTN PLUS〉, 문지영 기자, 2021. 1. 19.

2. 코로나19 이후 죽음을 대하는 태도

인간이라면 피할 수 없는 것이 죽음임에도 불구하고 죽음을 생각하는 일은 고통스럽고 힘든 일이다. 죽음 앞에 선 인간은 자신의 유한성과 경계, 지워지는 삶을 경험하기에 많은 철학자나 심리학자들은 인간 내면의 가장 큰 공포는 죽음이라고 한다. 하지만 의식을 가진 존재가 자신의 죽음을 경험할 수 없기에 오로지 '타인의 죽음'을 통해 자신의 죽음을 유추한다. 죽음을 해석하고 다루는 것은 피상적이며 주관적일 수밖에 없으며 여전히 신비로운 현상이며 미지의 영역인 것이다.

그럼에도 불구하고 죽음에 대한 이해와 관심은 철학의 주요 주제였으며 다양한 논의를 끌어왔다. 많은 학자들의 주장들을 정리하면 죽음을 대하는 태도는 크게 '거부적 태도'와 '수용적 태도'로 나눌 수 있다.

첫째, 죽음에 대한 거부적 태도는 죽음 공포와 죽음 회피로 나눌 수 있다. 죽음 공포는 그야말로 죽음에 대해 두려움과 공포를 느끼는 경우로, 죽음의 상태와 죽어감에 대한 부정적인 사고와 감정을 의미한다. 이에 비해 죽음 회피는 죽음에 대한 두려움과 공포를 회피하기 위해서 죽음을 부정하는 것으로, 죽음을 자극하는 대화조차 피하며 죽음 자체에 대해 방어적 태도를 취한다.

둘째, 죽음에 대한 수용적 태도는 다시 접근적 수용, 중립적 수용, 도피적 수용으로 구분할 수 있다. 접근적 수용은 죽음을 영원하고 축복된 곳으로 이동하는 통로로 받아들이는 것으로, 바람직한 사후 생에 대한 종교적 또는 영적 믿음에 뿌리를 두고 있다. 중립적 수용은 죽음을 동전의 앞뒷면처럼 삶과 죽음을 불가분의 관계로 이해하기에 죽음에 대해 초연한 태도를 가지고 죽음을 두려워하지도 긍정적으로 받아들이지도 않는다. 도피적 수용은 죽음을 고통스러운 삶에 대한 더 나은 대안으로 수용하는 것으로 삶은 고통스럽고 짐스러운 것으로 인식하기에 죽음은 이 세상의 고통과 괴로움으로부터의 해방이라 인식한다.

그런데 코로나19로 인한 '팬데믹 패닉(pandemic panic)'은 죽음을 대하는 태도를 바꾸어놓았다.

첫째, 코로나 바이러스가 어디서 어떻게 전염되어 자신에게 치명적인 문제를 가져올지 모르는 '전염 가능성'에 대한 죽음 불안이 심화되고 있다. 스스로 통제할 수 없는 상황에서 도처에 퍼져 있는 바이러스와 접촉할 가능성이 넓어졌기 때문에 일상 속에서 새로운 형태의 죽음 가능성이 열렸다(최혁, 2020). 방역지침과 위생수칙을 잘 지켜도 감염될 가능성이 있기에 접촉과 관계를 통해 존재를 확인하고 유지해온 인간 존재의 특성에 '전염 공포'가 추가된 것이다. 마스크가 생활필수품으로 자리잡고 있으며 대인 접촉에 대한 정부 방침이 바뀌었어도 여전히 많은 사람들은 마스크를 쓴 채 생활하고 있다. 그러나 더 심각한 것은 '두려움에 대한 두려움'이 심화되고 있다는 점이다. 1차적 두려움이 실제 바이러스에 대한 두려움이라면 2차적 두려움은 생각에 대한 두려움으로 자신의 행동과 태도를 자극하고 규제한다는 측면에서 더 심각한 문제를 야기할 수 있다.

둘째, 바이러스에 대한 공포가 심화하면서 생활방역에 대한 공동의 책임이 부과되었지만, 친밀한 관계와 소원한 관계에 대한 거리가 극단적이며 이중적으로 표현되고 있다. 가족과 같이 친밀한 관계에서는 마스크를 벗고 접촉하며 거리두기나 방역수칙을 생략하지만, 잘 모르는 사람에게는 거리두기나 방역수칙을 엄격하게 실시하거나 강요한다. 이러한 태도는 죽음에 대해 이중적이며 극단적인 태도를 취하는 것으로 연결된다.

셋째, 확진자에 대한 혐오의 시선을 강화하여 죽음의 '죽' 자도 꺼낼 수 없는 문화를 만들어내고 있다. 확진자 또한 우연적 사건의 희생자이고 자신도 감염됐을 가능성이 있기에 책임을 물을 수 없음에도 불구하고 확진자를 기피 대상으로 여겨 죽음은 금기시되고 부정해야 할 태도로 나타나는 것이다. 이처럼 코로나19는 이전의 우리 사회가 최소한도로 가졌던 죽음의 불안을 증폭하고 확대하는 방향으로 나아가고 있으며 타인에 대해서는 격리, 단절, 배제, 혐오와 같은 시선을 보내면서도 정작 자신의 죽음 불안이나 공포에 대해서는 무시하고 회피하는 태도를 보이고 있다.

우리에게 죽음은 여전히 피하고 싶은 주제다. 개인뿐만 아니라 사회 분위기도 마찬가지인 듯하다. 특히 의료계에서 죽음은 의술의 실패 또는 인생의 실패로 다뤄진다. 현대 의학의 긍정적인 면을 충분히 감안하지만 아쉬운 것 하나를 꼽자면, '죽음에 대한 예의를 얼마나 갖추고 있는가'에 대한 것이다. 수많은 검사와 치료 속에 죽음에 대한 성찰이 존재할 여지는 없어 보인다.

물론 지금 이 순간에도 최선을 다하고 있을 의료진들의 노력을 폄

하할 생각은 추호도 없다. 게다가 한 인간이 어떻게 죽어감의 과정을 맞이하는지, 자신의 죽음을 어떻게 수용하는지, 지난 삶을 어떻게 정리하는지에 대한 의문에 답하는 것은 의학의 영역이 아닐 것이다. 그래도 죽음과 밀접한 경계에 있는 의학이 죽음을 다루는 데 공감력이 부족한 것은 아닌가 하는 생각을 떨치기가 어렵다.

삶은 생명의 탄생과 함께 시작되고 죽음을 통해 완성된다. 문이 열리고 닫히는 순간을 삶이라고 한다면, 우리에게 삶은 영원히 열려 있는 문과 같다. 그러나 어느 날 예고 없이 문이 닫히는 순간이 온다. 삶에만 집착하느라 죽음을 준비하는 시간을 놓쳐버린 상태에서 죽음을 당하고 마는 것이다. 이런 의미에서 '죽음과 함께하는 삶(Being with dying)'이야말로 인생을 가장 잘 표현하는 문구일지도 모르겠다.

죽음을 부정하며 멀리 떼어놓으려고 해도 삶의 이면에는 죽음의 그림자가 아른거린다. 받기 싫은 스팸전화에 응하지 않는 것처럼 죽음을 피하려고 애를 쓴다. 그러나 죽음은 걸러낼 수 있는 스팸전화 같은 것이 아니다. 역설적이게도 죽음을 직면하면 내면에 존재하는 자신의 진정한 목소리와 만날 수 있고, 매 순간 생생하게 살아가게 된다. 죽음에 압도되거나 죽음을 부정하지 않는다. 그리고 남은 삶을 더욱 의미 있고 강렬하게 살아간다.

버니 글래스만 로시(Bernie Glassman Roshi)는 죽음을 앞두고 있는 사람들을 위해 '세 가지 지침'을 제시한다. 첫째, '알지 못한다는 것(not-knowing)'이다. 자신과 타인에 대한 고정관념과 편견을 버리고 자연스럽게 일어나는 초심자의 마음으로 열려 있으라는 것이다. 둘째, '가만히 지켜보는 것(bearing witness)'이다. 어떤 결과든 가치 판단을 하거나 집착하지 말고 함께하도록 요청하는 것이다. 셋째, '연민에 가득한 행동(compassionate action)'이다. 자신과 타인이 모두 고통 중에 사는 존재임을 깨닫고 각자의 슬픔과 고통에 집중하여 헌신하는 것이다. 이러한 세 가지 지침은 삶과 죽음에 대한 고정관념 대신 무슨 일이 일어나든 그냥 일어날 뿐이라는 깨달음을 얻게 한다.

삶이 신비로운 것은 죽음과 함께 살아가기 때문이다. 죽음이 실존적으로 다가올 때 우리는 비로소 자신을 돌아보게 된다. 생명, 삶, 죽음은 따로 떨어져 있는 것이 아니라 함께하는 것이기 때문이다.

3. 밀려난 죽음의 존엄성

퀴블러 로스(Elisabeth Kubler Ross)가 말한 것처럼 죽음은 존재의 양식이 변하는 것일 뿐 죽음은 존재하지 않는다. 진정한 애도는 "돌아가신 분을 다른 사람과는 다른 유일한 존재로서 마음에 새기는 것"이며 "돌아가신 분의 죽음을 특별한 것으로 자신 안에 기억하며 고인과의 생전 시간에 새로운 가치를 부여해주는 것"이다.[15]

하지만 많은 사람들이 죽음을 이성적, 지적으로는 이해하면서도 심리적으로는 부정하며 회피하고 있다. 특히 코로나19로 인간의 존엄성은 의료방역에서 밀려난 상태다. 질병과 죽음에 대한 공동체적 위기의식을 느끼는 상황에서 돌아가신 분의 죽음이 통과의례 과정으로

---

15 『애도하는 사람』의 작가 텐도 아라타의 말

해석되지 않는다. 존엄하게 다루어야 할 애도문화와 죽음의례는 무시되고 있다.

한국 정부는 코로나19 유행 초기 국민 생명안전을 위해 "감염 확산방지를 위해 화장을 원칙으로 하고 유족의 동의하에 선(先) 화장, 후(後) 장례 실시"라는 방침을 내세웠다.[16] 코로나19로 인한 사망자의 잠재적인 전염성을 이유로 노출 최소화 방식으로 시신을 처리하는 것을 표준으로 했다.[17] 2020년 한국의 화장률은 90%를 돌파하고 있다.[18] 그야말로 박탈된 애도가 진행된 것이다.

이로 인해 '조문 사절 장례'를 치르는 일이 다반사였다. 죽음의 순간을 늦출 수는 없었기에 코로나19 상황이라 하더라도 장례식은 제때에 치를 수밖에 없다. 이런 상황에서 죽음을 맞이하면 가족과 친지의 위로 속에서 장례를 지내는 것이 아니라 "코로나19 상황으로 조문은 정중히 사절한다"는 부고를 보내고 고인은 물론 상주도 외로운 장례식을 치를 수밖에 없다. 일반적으로 돌아가신 날을 기점으로 3일장을 지내고 장사를 지낸 후 3일째가 되는 날 묘소에서 삼우제를 지낸다. 최소한 장례의식에 일주일간의 기간이 필요한데 코로나19로

---

16 신지혜, '팬데믹 시대의 죽음: 미국의 1918년 인플루엔자 대응과 장례', 〈의료사회사연구〉 vol. 9, 2022, p.152.

17 2022년 『코로나바이러스감염증-19 사망자 장례관리 지침』이 개정되었으나 '코로나 낙인'을 두려워하는 장례 관련업자들의 반발이 있었다. 장례지도사들 역시 감염의 가능성을 우려하고 있다. 특히 오미크론 확산세로 사망자가 갑자기 늘면서 안치실과 화장장 부족이 현실화되어 관계자들은 정부의 지침이 적절하지 않다고 지적하고 있다.

18 싱가포르의 시신관리 처리 규정상으로 보면, 코로나바이러스 감염은 HIV, C형간염, 사스, 메르스 등과 더불어 위험 범주 2에 속하는데, 이때는 밀봉 필수, 유족 참관 허용, 방부처리 불허, 염습은 PPE 사용하에 허용, 시신 처리는 화장을 권하는 것으로 되어 있다. 밀봉이 필요하며, 유족 참관, 방부처리, 염습이 다 허용되지 않는 범주 3에는 페스트, 광견병, 광우병 등이 포함된다.

전통적인 장례의식마저 최소화하거나 생략하는 상황이 벌어지기도 했다.

아무도 죽음을 기억해주는 사람 없이 장례를 치르게 되는 무연고 사보다 더 무서운 것이 코로나19로 죽는 것이다. 코로나19 사망자 시신처리를 한 장례지도사는 "코로나는 죽음 이후의 시간도 재촉했어요. 어떤 망자는 오후 3시에 사망해 오후 6시에 화장했으니 3일장은커녕 3시간 만에 죽음이 정리된 거예요. 방역 매뉴얼에 따라 슬퍼할 겨를도 없이 간 거예요."(조선일보, 2020. 12. 19)라고 했다. 무연고자인 경우[19] 지자체에서 장사법에 따라 장례를 치르지만 확진자 환자 유가족은 감염을 최소화하는 방침에 따라 시신이 밀봉되어 순식간에 처리되니 애도할 틈도 없이 사라지게 된다. 그러나 2022년 1월 27일 중앙방역대책본부는 '코로나19 시신에 대한 장사 방법 및 절차 고시'[20]를 개정해 이날부터 시행한다고 밝혀, 코로나19 사망자의 장사 절차를 현행 '선 화장, 후 장례' 권고에서 '방역조치 엄수 하에 장례 후 화장'도 가능하도록 했다. 선 화장, 후 장례 권고는 앞서 2020년 코로나19 발생 초기, 신종 감염병에 대한 정보가 불충분한 상황에서 장례 절차를 통한 감염 위험을 최소화하고자 제정되었지만, 이후 개정으로 지난 2년간 축적된 코로나19에 대한 정보와 해외사례 검토, WHO(세계보건기구) 권고 등 객관적 근거를 바탕으로 유족의 애도와 추모 기회가 다시 보장됐다. 개정에 따라 코로나19 사망자 유족들

---

19 '알기 쉬운 무연고사망자 장례절차', 나눔과나눔(goodnanum.or.kr)

20 질병청 "코로나 사망자 시신서 감염사례 없어… 장례지침 개정중", 〈연합뉴스〉, 2022. 1. 20. (인터넷 기사: https://www.yna.co.kr/view/AKR20220120034651001)

도 통상적인 장례 절차에 준해서 장례식을 치를 수 있게 되었다. 장례 후 화장을 선택한 경우는 코로나19 사망자 장례가 준비된 장례식장에서 고인의 마지막을 존엄하게 모실 수 있도록 가족과 친지들이 애도와 추모를 할 수 있게 되었다.

코로나19로 갑자기 사망하는 환자들은 집에서 가족들의 보살핌을 받다가 상황이 나빠져서 입원을 하면, 가족들 또한 확진 유무와 상관없이 밀접 접촉자로 분류되어 자가격리되는 상황이 한동안 계속됐다. 장례 절차를 진행한다고 하더라도 가족들이 참여하지 못할 확률이 높다. 코로나 의심환자이거나 유증상자일 때는 검사 결과가 양성이면 확진 환자로, 음성이면 일반 사망자로 분류한다. 이처럼 코로나19로 죽음을 맞이하는 이들은 마지막까지 쓸쓸하게 홀로 생을 마감해야 하기에 유가족의 슬픔은 이 시대가 풀어야 할 과제가 되었다(최혁, 2020). 생명은 그 생명의 당사자에 의해서도 존중할 가치가 없는 것으로 평가돼서는 안 되는 존엄한 존재이기에 죽어가는 사람이라 할지라도 아직 '살아 있는 인간'으로서 존재하고 존중받아야 한다(손보미, 2020).

법적으로 모든 인간이 존엄하다는 의미는 인간은 본질적 가치와 마땅히 누려야 할 가치가 있고 누림에서 평등함을 의미한다(손제연, 2018). 이는 죽음의 과정에서도 인간의 평등한 존엄성이 인정돼야 한다는 것이다. 우리 사회는 코로나19의 방역 문제와 경제위기에 대한 우려만 난무할 뿐 정작 사망자의 경우엔 인간 존재의 문제가 다루어지지 않고 있다. 인간의 본질적 가치가 마구 훼손되어 전통적으로 행해져온 '죽음권'을 보장받지 못한 채 혐오스러운 바이러스 감염 덩어리로 취급되고 있다. 잘 죽을 수 있는 권리가 소멸된 것이다. 바이러스 감염으로부터 인간을 지키기 위해 정작 죽음은 애도되지 못했다. 바이러스 차단이라는 목적 하에 개인의 죽음을 사적 영역으로만 다루고 있는 오늘날 한국 사회에서 코로나19로 사망한 사람들을 애도하는 모습은 찾아보기가 어렵다.

여전히 우리 사회는 유가족들의 슬픔과 관련된 애도와 공감이 생략된 채 상장례가 진행되고 있다. 매일 코로나 신규 확진자와 사망자 숫자에만 관심을 보일 뿐, 사망자가 느꼈을 사망 직전의 고립감과 외로움은 물론 임종을 지키지 못한 유가족의 죄책감에 대한 공감과 연대는 없어 보인다. 출생이 모든 사람에게 정상적이고 보편적인 과정이듯 죽음의 과정 역시 그러한 과정을 거친다. 죽음은 성장의 마지막 단계(오진탁, 2014)라는 말처럼 진정한 애도란 고인을 떠나보내는 '망각'에서 시작하는 것이 아니라 '기억'을 통해 고인과의 새로운 관계를 이어가는 과정이다(홍경자, 2019).

미국 뉴저지에서는 주지사가 코로나19 사망자를 위해 반기(半旗)를 달도록 행정명령을 내렸다. 이탈리아 시청에서는 조기를 걸고 1분간 묵념했고, 지역신문에 코로나 희생자들의 사진과 이름을 싣고 그들을 애도하는 분위기(최승호, 2021)를 조성했다고 한다. 이처럼 진정한 삶의 의미는 죽음을 통해서 밝혀지고, 참된 자기 존재를 찾게 하는 계기로 삼아야 한다. 죽음은 삶의 거울이기 때문이다(홍경자 외, 2020).

출생이 모든 사람에게 정상적이고 보편적인 과정이듯 인간으로 태어난 이상 인간답게 죽어갈 존엄성을 지닌다. 계속되는 코로나19 상황에서 바이러스 차단을 앞세운 물리적 격리는 인간관계의 손상은 물론 삶과 죽음을 연결하는 통과의례로서의 장례문화까지 말살할 여지가 있다. 변화된 현실에서 인간의 존엄성을 유지한 채 죽음을 잘 맞이할 수 있도록 심리적 방역이 필요하다. 애도되지 않는 죽음의 불안을 최대한 줄일 수 있도록 돕는 것이다. 생명과 죽음을 분리하는 사고에서 벗어나 생명과 죽음을 공유하며 기억하는 '인간 존엄성 회복'에 그 어느 때보다 집중해야 하는 시기다.

3장

코로나 시대에
사별을
경험한 사람들

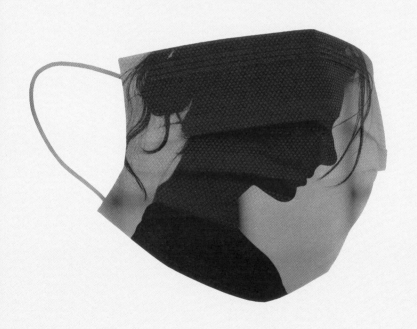

코로나19 팬데믹은 한국의 정치, 경제, 사회의 모든 영역에서 영향을 미치고 있다. 불특정 다수가 코로나 바이러스 감염에 노출될 위험이 커짐으로 인해 정부는 국가와 사회의 모든 시스템을 통제하여 나름대로 방역에 성공한 듯 보이나, 여전히 코로나는 진행 중이며 이에 따른 후유증 역시 진행 중이다.

특히 고인과 이별하는 상장례(喪葬禮)는 인종과 문화, 종교가 달라도 엄숙하고 예법을 지키기 마련인데, 코로나19로 죽음에 대한 예법이 제한되어 죽어가는 사람과 죽은 이들에 대한 존엄성은 보장하기 힘든 현실이었다. 인간의 존엄성이 바이러스에 잠식당하거나, 주검이 마치 폐기물처럼 처리되어 아직도 애도가 지연되거나 박탈된 사람들이 있다.

코로나19는 여전히 현재 진행형이고 계속되는 변이 바이러스의 출현으로 언제 지금의 문제에서 벗어날지 미지수인 사회에서 살고 있다. 이에 따라 애도문화 또한 많은 변화를 겪고 있다. 죽음과 애도가 타자화를 넘어 부정되는 시대를 살고 있는 우리는 상실과 애도에 대한 사유와 성찰이 많이 부족하다.

실제 사랑하는 가족의 죽음은 남겨진 이들의 삶을 근본적으로 바꾸어놓는다. 남겨진 이들은 삶이 죽음의 순간에 멈춰져 있다고 느끼지만, 일상은 자신들이 느끼는 것과 상관없이 관성대로 움직인다. 고인이 생전에 어떤 사람이었든, 어떤 방식으로 죽었든, 가족들은 죽음으로 인한 상실을 경험한다. 그리고 어느 날 문득, 항상 그 자리에 있었던 사람이 이제는 더 이상 없다는 사실을 깨닫는다. 고인과 함께했던 추억의 파도가 몰려올 때면 언제 끝날지도 모르는 기나긴 애도의 여정으로 자신을 내몰기도 한다. 매일 매일 힘겨운 고통을 느끼면서.

"상실은 보편적이지만 슬픔은 그렇지 않다(Loss is universal but our reactions are not)"라는 말이 있다. 상실을 겪은 사람이 슬픔을 느끼는 것은 자연스러운 반응이다. 그러나 정말 우리는 상실에 대한 반응을 자연스러운 것으로 여기고 있을까? 상실감을 비정상적이고 부자연스러운 것이라고 받아들이라고 사회화된 것은 아닐까?

상실감은 수많은 감정 중에서도 가장 강력한 감정 중 하나이다. 동시에 가장 오해받는 감정이기도 하다. 아마 상실감 안에 혼재되어 있는 모순성이 있기 때문이 아닌가 싶다. 예를 들면 가족 중 누군가가 오랜 투병 생활을 하다가 돌아가셨을 때, 그 사람의 고통이 끝났다는 위안과 간병의 괴로움에서 벗어났다는 안도의 마음이 찾아온다. 동시에 다시는 그 사람을 만날 수 없다는 비통함을 느낀다. 이렇듯 상실감은 상반된 감정들이 혼재하는 모순을 지니고 있기에 복합적이고 불명확한 감정을 느끼게 한다.

그렇다면 우리는 왜 이렇게 모순적인 감정을 느끼는 걸까. 모든 것은 변한다는 말처럼 상실감도 정상적인 변화의 한 과정일 수 있지만, 그에 대처하거나 적응할 준비는 미흡하다. 상실감은 깨져버린 마음이다. 하지만 이성을 잃어버린 상태는 아니기에 이성적으로 대처하려 든다. 그러나 그 시도는 거의 실패하고 만다. 이성적 대처는 상실감을 치료하는 적합한 도구가 아니기 때문이다.

상실감에 빠져 있는 사람들에게 "슬퍼하지 말아라", "더 강하게 견뎌야 한다", "당신은 이 집안의 기둥이야, 흔들리면 안 돼"라는 말은 이성적으로는 이해가 되지만 상실감을 경험하고 있는 사람에게는 도움이 되지 않는다. 위로는커녕 상실감을 치유하고 회복하는 데 오히려 방해가 된다. 이성과 감성이 모순적으로 반응하기 때문에 혼란스러움과 좌절감으로 정서적인 고립에 빠지기도 한다. 특히 우리 사회는 이성으로 문제를 해결하려고 하는 경향성이 강하기 때문에 상실 치유에 어려움을 겪는 듯하다.

상실 치유는 어떻게 하는 게 좋을까. "인생에서 확실한 것은 죽음과 세금뿐이다"라는 서양 속담처럼 태어나서 우리는 죽을 때까지 다양한 상실을 경험한다. 그렇기에 갑작스러운 상실을 겪게 될 때 도움이 될 만한 나침반이나 지도를 갖고 있으면 좋을 듯싶다.

소개하고 싶은 것 중 하나는 애도 상담의 대가 윌리엄 워든(William Worden)의 견해다. 워든은 상실 치유 과업을 네 가지로 요약했다. 첫째, 상실을 현실로 받아들이기, 둘째, 상실감에 대해 애도하기, 셋째, 고인 없는 환경에 적응하기, 넷째, 고인에 대한 정서적인 재배치와 삶을 함께 살아가기다. 이 네 가지 과정은 기계적으로 구분되지 않지만 워든은 이러한 과정을 거쳐 상실이 치유된다고 보았다.

상실 치유는 과거의 상처를 지우는 것이 아니다. 오히려 기억하고 기록하고 표현하며 자신이 경험한 사건에 대해 슬픔을 느끼고 드러내는 것이다. 사별의 경험을 통해 자신의 삶에 대한 새로운 의미를 발견하는 것이다. 또한 과거에서 비롯된 감정의 앙금을 정리하고 온전히 자신의 길을 걸어가는 것이다. 사별의 고통과 상실감을 치유하는 일은 분명 어렵고도 힘든 여정이다. 자신의 인생에서 맞게 되는 커다란 도전일 수도 있다. 그럼에도 상실로부터 배우고 삶의 지혜를 터득하는 일은 가치가 있다고 믿는다.

이에 코로나 시기에 사별을 경험한 이들의 인터뷰를 통해 상실이 타인의 문제가 아니라 우리 모두 언제든지 겪을 수 있는 일임을 상기하며, 위로하는 마음으로 인터뷰의 내용을 공유하고자 한다.

코로나 시기에 사별을 경험한 사례자들(모두 가명을 사용했다)의 이야기를 통해 코로나19가 애도 경험에 어떠한 영향을 미쳤는지 알아보고, 이 과정에서 애도자의 내면에 있는 갈등과 분투를 올곧이 드러내고 인정하는 장으로 초대하고자 한다. 또한 코로나19로 인해 우리가 겪고 있는 다양한 자화상에 대한 성찰을 함으로써 포스트 코로나 시대를 준비하기 위한 생사인문학적 사유를 함께 해보고자 한다. 더불어 이러한 과정을 통해 애도문화의 변화를 끌어내는 삶과 죽음을 깊이 성찰하는 현실을 직시하고 현상 너머에 있는 것을 바라볼 수 있는 대안을 마련함으로써, 죽음을 생애 전 과정을 통해 이루어야 할 과업으로 인지하도록 독려하고자 한다.

1. 사별 경험자 인터뷰 원칙

연구 참여자는 사별 경험이 최소 1개월 이상이며 자발적으로 참여하여 동의서에 서명한 사람으로, 반구조화 면담을 통해 자료를 수집하였다. 자료 수집 기간은 2021년 8월부터 2022년 7월까지였으며, 연구자가 연구 참여자의 생각이나 느낌, 경험에 대해 일대일 면담을 시행했다. 면담 동안 참여자의 감정 변화나 목소리 톤의 변화 등 비언어적 표현에도 주시했다. 면담은 연구자가 연구 참여자에게 연구의 목적과 연구 방법, 면담의 녹음 시행 등에 대해 설명을 하고 서면으로 동의서를 받은 후, 상담실이나 비대면으로 진행했다. 방역을 위해 연구자와 연구 참여자는 양방향 2m 이상의 간격을 유지하고 모두 마스크를 착용한 상태에서 면담을 시행했고, 창문을 열어 지속적으로 환기하고 식음료를 섭취하지 않는 등의 예방 수칙을 준수했다.

사별 경험은 개방적이고 비구조적인 질문을 시작으로 참여자들의 경험을 충분히 이야기하도록 했다. 개방적인 질문을 이용하여 연구 참여자들이 경험을 다양한 측면에서 진술할 수 있도록 했다. 면담 후 녹음한 내용을 확인하며 필사했고, 필사본을 여러 번 읽으며 참여자의 진술 내용을 명확히 파악하고자 했다. 필사 후 분석 과정에서 내용이 부족하거나 면담이 충분하게 진행되지 못했다

고 판단한 연구 참여자는 추가 면담을 시행했다. 연구의 자료 분석
은 현상에 대한 공통적인 주제의 의미를 밝히는 브라운과 클라크
(Braun & Clark, 2006)의 주제분석(thematic analysis)을 이용했다. 주제
분석은 연구 질문을 기본 축으로 하여 자료가 지니고 있는 의미에 주
의를 기울이는 방법이다. 주제분석은 잘 알려지지 않은 분야의 경험
을 살펴보는 데 도움이 되므로 코로나19와 사별 경험의 의미 있는 주
제를 밝히는 데 적합한 분석 방법이다.

2. 팬데믹 속에서 경험한 11인의 사별

1) 요양병원에서 시어머니를 보내드린 영숙 씨

50대 초반 영숙 씨는 1년 3개월 전 시어머니와 사별했다. 노환이
었고 죽음이 예상되었던 시어머니는 영숙 씨에게 넘기 힘든 큰 산이
었다. 아흔두 살에 돌아가시기까지 20여 년을 모시고 살았고, 요양병
원과 요양원 생활을 1년 하시다 병세가 악화되어 일반병원으로 옮겨
4개월 동안 투병을 하다 돌아가셨다. 아흔 살이 되던 해 고관절 수술
을 하고 퇴원을 했는데, 직장생활을 하는 영숙 씨가 돌봐드릴 수가 없
어서 요양원에 모셨다. 이때 불효를 저지르는 것 같아서 심한 갈등을
겪었지만 달리 대안이 없었다고 한다. 요양원에 뵈러 가면 집에 데리
고 가라고 보채셔서 돌아오는 발걸음이 무겁고 죄인이 된 것 같았다

고 한다.

요양병원에 계시던 때 코로나가 시작되면서 면회가 전면 금지되었고, 일반병원으로 옮겼을 때는 PCR검사를 하고 면회가 가능했기 때문에 2주일에 한 번 검사를 하고 주 1회 면회를 했다고 한다. 그리고 영상통화로 아들을 연결시켜 주곤 했는데, 그렇게 보고 싶어 하던 딸들은 위독하다는 연락을 했을 때야 뵈러 왔다고 한다.

"이게 코로나 검사를 하고 가야 되는 건데 다른 가족은 외지에 있기도 했고 남편도 일을 해야 하니까 이걸 자주 할 수는 없었어요. 여러 사람이 돌아가면서 다 할 수는 없고 코로나 검사를 하면 그게 2주간은 자유롭게 드나들 수 있거든요. 그래서 저만 거의 뵈었어요."

어머니의 임종을 지키고, 다음 절차가 진행될 때까지 한 시간여를 함께 있었는데 무섭지 않더라고 했다. 어머니의 얼굴이 평화로워서였을까. 고통 없이 편안하게 돌아가신 게 감사하다고 한다.

"그냥 어머니가 편안하게 돌아가셔서 그게 감사했어요. 어머니가 힘들게 얼굴이 막 일그러지면서 그렇게 가신 게 아니고 편안하게 가셔서. 저한테 좋은 모습 보여주시고 가셔서 고마웠죠. 어머니 돌아가시고 나서 한 1시간 이상을 그 병실에 둘만 같이 있었는데 괜찮았어요, 그 시간이."

효자인 남편과 사느라 본의 아니게 효부가 된 그녀의 인생엔 시어머니가 중요한 자리를 차지했고, 최선을 다해 돌봐드렸기 때문에 아쉬움이나 후회가 없다고 한다. 코로나라는 암초를 만났을 때, 혈연 관계인 자녀가 아니라 며느리가 보호자가 되고 어머니의 마지막을 함께할 수 있었다. 1년 반이 되어가는 지금, 삶의 곳곳에서 어머니의 흔적을 만난다고 한다.

"가족들끼리 돌아가신 분에 대한 좋은 얘기를 자꾸 하면 좋은 것 같아요. 가족들끼리 그분과의 추억, 이런 걸 얘기하면서 그때 재미있었던 추억, 어디 가서 뭐 했는데 이랬다 저랬다 하면서 가족들끼리 막 웃고 떠들고 이렇게. 나쁜 얘기 말고 좋은 얘기를 하면 그때의 기억이 더 오래 가고 그런 쪽으로 마무리돼 가는 것 같아요."

살아 계실 때 모진 말씀도 많이 하셔서 천국에 가셨을지 확신은 들지 않지만 그래도 좋은 곳에 가서서 편히 쉬셨으면 좋겠다는 말을 하면서 웃었다. 만약 친정어머니가 돌아가시면 시어머니의 경우와는 달리 후회를 할 것 같다고 한다. 시어머니와 보냈던 시간만큼 밀도 있는 시간을 보내지도 못했고, 무엇보다 최선을 다하지 못했기 때문이다. 다시 그 시절로 돌아가도 더 잘 할 자신이 없다고 하며 어떤 삶을 살건 후회하지 않을 만큼 최선을 다해 살겠다고 밝은 목소리로 말했다.

2) 죽음 준비가 안 된 아버지를 간호한 지연 씨

40대 후반 지연 씨는 1년 3개월 전 아버지와 사별했다. 지연 씨의 아버지는 한량이었다고 한다. 별거를 한 지 오래된 부모님은 건강하지 못해서 수시로 병원엘 모시고 다녀야 했다. 특히 아버진 폐암 말기였지만 그 사실을 믿지 않았고, 더 좋아질 거라는 희망을 가지고 계셨다고 한다. 그래서 치료를 해도 차도가 없는 것에 분노했고, 의료진에 대한 불신과 분노를 거침없이 표현해서 민망한 적이 한두 번이 아니었다고 한다.

어머니도 건강하지 못해서 한 달에 두어 번은 병원에 모시고 다녀야 했고, 아이들이 셋이라 챙기는 것도 만만치 않았으며, 남편이 운영하는 사업체에 자주 들러야 했다. 몸이 세 개쯤 되면 좀 나으려나 싶을 만큼 할 일이 많았고, 몇 년째 아버지의 병수발을 하며 지쳐가고 있었다. 그렇지만 부모님을 모시고 병원에 다니는 일과 아이들 챙기는 일을 게을리하지 않았다. 외동이라 형제가 없던 지연 씨는 시가도 없는 사람이라 친척이 별로 없어서 장례는 어머니의 도움을 받아 남편과 둘이 감당해야 하는 일이었다. 더욱이 코로나 시기라서 친지들의 방문도 쉽지 않은 상황이었다.

죽음을 받아들일 준비를 하지 않는 아버지가 희망의 끈을 놓지 않는 것을 보는 것도 힘들었다고 하며, 요양병원에 가시기 전에는 혼자 지내셔서 언제 어떻게 될지 몰라서 늘 걱정을 했다고 한다. 그럼에도 어머니는 아버지를 살펴주시거나 아이들을 돌보는 것에 도움을 주기보다는 어머니 자신의 일도 딸의 도움을 받고자 해서 그녀는 늘 지쳐

있었다. 힘들어서 부모님을 원망하기도 했으며, 원망 끝엔 죄책감을 느끼곤 했다.

아버지는 마지막 두 달 정도를 요양병원에서 지내셨는데, 코로나라서 면회도 할 수 없었고, 병원에 뵈러 가는 날에나 아이들 사진을 보여드렸다고 한다. 아버지의 임종이 가까웠다는 말을 들었을 때 지연 씨는 아버지를 보내는 슬픔보다 장례를 어떻게 치러야 할지가 더 신경쓰였다고 했다. 장례식을 치르기 위해 아이들 돌봄 문제 등 애도의 시간보다 치러야 할 사건으로 보낼 수밖에 없는 상황이었다.

"연명치료는 안 하기로 처음부터 결정했어요. 그래서 선생님께서 이제 마지막으로 보내드려야 할 것 같다고 더 이상 의료적으로는 해줄 게 없다고 얘기를 하고 호흡기를 빼는 날짜를 정하고 아빠를 보내드렸는데. 그 날짜가 정해져도 저는 딱히 별 실감이 안 났어요. 저 혼자 상황을 다 조정하고 그래야 했기 때문에 혼란스럽거나 그런 거는 그때 당시에는 없었고요. 앞으로 이렇게 되면 내가 어떻게 해야 될 것인가? 아빠 장례 절차를 어떻게 해야 할 것인가? 그런 생각을 했죠. 앞으로 내가 어떻게 해야 하지? 아이들 데리고 어떻게 해야 하지? 의사선생님께서 호흡기를 빼고서는 잘해야 1박 2일 아니면 그날 당일로 돌아가실 수도 있다고 얘기를 했기 때문에 그러면 내가 아이들 데리고 장례식장에서 며칠 지내야 하는데 아이들 학교며 아이들 짐은 뭘 챙겨야 하지? 당장 그런 현실적인 것들에 초점을 맞췄기 때문에 당시에는 혼란스럽다거나 그런 생각은 없었던 것 같아요."

아버지 입관을 하던 날과 발인할 때 큰아이가 "할아버지가 오셔서 밝게 웃으며 가셨다"는 말을 했다고 하며 잘 떠나신 거 같아 다행이라고 했다.

"아빠 돌아가시고 나니까 아빠가 나를 보고 계신다는 생각이 들어서 든든함도 있지만 뭔가 잘해야겠다는, 부끄럽지 않게 살아야겠다는, 그런 마음이 생기더라고요. 살아 계셨을 때는 안 보면 숨을 수 있었는데."

3) 코로나 검사로 어머니를 뵙지 못한 이랑 씨

50대 초반 이랑 씨는 5개월 전 어머니와 사별했다. 이랑 씨는 딸의 코로나 확진으로 밀접접촉자가 되어 PCR검사를 받고, 결과를 기다리던 중에 어머니의 임종이 가까웠다는 소식을 들었다. 그리고 어머니는 검사 결과를 기다리던 밤에 돌아가셨다고 했다. 아침 8시 반에 음성이라는 소식이 왔을 때, 세상의 모든 신에게 감사했다고 했다.

코로나 직전, 아버지가 갑작스러운 암으로 6주 만에 돌아가셨을 때는 예기치 못한 죽음이었지만 손님들이 북적이는 장례식을 치렀는데, 어머니의 장례식은 코로나로 인해 의도치 않게 호젓한 가족장이 되었다고 했다. 특히 어머니의 친구들뿐 아니라 오랫동안 이웃해서 장사를 하셨던 분까지 오시지 않았을 때는 무척 섭섭했다고 했다. 그래도 유난히 친했던 피자이모만은 오셨어야 했다는 생각은 지금도 변함이 없다고 했다.

"섭섭했어요. 제가 이해는 백 번 하는데 그래도 그런 거 있잖아요. '무슨 상황이어도 이 자리는 가야 해' 하는 그런 자리가 있는데 저는 그분은 그런 분이라고 생각을 했거든요. 제가 좀 기대를 했던 것 같아요. 왜냐하면 '엄마가 이 이모는 너무 보고 싶겠다' 이런 생각이 들어서 우리 엄마가 가는 길에 이 이모가 오면 너무 좋아하시겠다는 생각이 들었어요. 그래서 그 이모한테 전화를 해서 '꼭 왔으면 좋겠어. 엄마가 이모 되게 보고 싶어할 것 같다'고 했더니 '알았어 알았어' 이랬는데 안 왔어요. 엄마가 그래도 가면서 이분은 되게 얼굴 보고 싶어했을 것 같은데 하는 마음이었던 것 같아요. 그리고 문상을 많이 안 오셨어요. '진짜 한가하구나'라는 생각이 들 정도로. 엄마 친구분들도 한 명도 안 오시고, 아빠 친구분들 같은 경우는 저희가 '그냥 연락을 하지 말자' 이렇게 얘기가 됐고요."

어머니가 돌아가시기 전 2주일 동안은 면회가 전면 통제돼서 뵙지 못했는데, 그 기간 동안 가족을 보지 못해서 어머니도 힘들었겠지만 밖에 있는 가족들도 어머니를 보지 못하니까 힘들었다고 했다. 고립감은 어머니만 느낀 것이 아니라 밖에 있는 가족 역시 느꼈다고 했다. 갇히지 않고 고립되지 않아도 고립감을 느끼는 경험이었다고 했다.

어머니께서 돌아가신 후에는 주변에서 같이 울어주고 위로해준 분들로부터 위로를 많이 받았다고 했다. 특히 사촌들이 장례기간 동안 매일 와서 같이 있어 준 게 가족공동체라는 느낌을 들게 했고, 앞으로 집안에 그런 일이 생기면 그렇게 해야겠다는 생각을 했다고 했다.

고등학생일 때 어머니 편을 들면서 아버지에게 대들다 맞은 일이 있는데, 어른이 되니 무척 죄송했다고 하며 사과를 하지 못한 것이 마음에 걸린다고 했다. 그래서 그동안 여행도 같이 다니고 맛있는 것도 먹으러 다닌 것이 용서해서 가능했던 것이 아니겠냐, 그런 직접적인 사과가 아니어도 미안한 마음이 전달되었을 것 같다고 말해주었다. 이랑 씨는 그 말에 고맙다며 펑펑 울었다. 49일 동안 형제들과 기도를 했다고 하며, 줌으로 하기도 했다고 한다.

"저희는 기도하는 시간을 가져야 하는데 처음에는 한 집에 다 모여서 했는데 그날은 제가 몸이 좀 안 좋아서 줌으로 하자고 제가 제안을 했어요. 저희 집에 불단이 있거든요. 그 불단 옆에다 핸드폰 세워놓고 기도를 한 적도 있었어요."

세상은 변하고 애도도 그에 맞추어 변화해간다는 이야기를 하며 부모님이 지켜줄 것 같다는 믿음을 가지게 되었다고 했다. 어머니의 죽음을 통해 아버지의 죽음까지 정리하고 애도하는 시간이 되었다며 가슴이 후련해졌다면서 돌아갔다.

4) 고독사로 아버지를 잃은 하나 씨

30대 초반 하나 씨는 7개월 전 아버지를 잃었다. 크리스마스 무렵에 갑작스러운 아버지의 비보를 들었다. 부검을 하진 않았지만 혼자 사시던 아버지가 심근경색으로 돌아가셨던 것 같다고 했다. 준비 없는 죽음이었던 만큼 준비 없는 이별을 해야 했다. 아직은 아버지로부터 더 많은 보살핌을 받고, 잘 사는 모습을 보여주고 싶은데 아버진 기다려주지 않았다.

엄마와의 이혼 후에 혼자 지내던 아버지는 가족 행사에 참석하지 못했고, 가족에게 소외되어 갔다고 했다. 아이 첫돌 때는 코로나 때문에 외가의 반대로 초대하지 못했다고 한다. 성실하지 못한 아버지의 딸로 태어난 것에 대한 원망도 있었고, 그런 아버지가 하찮게 느껴질 때도 있었다고 했으며 심지어 그런 아버지가 죽어버렸으면 좋겠다고 생각하기도 했는데, 그런 생각들이 다 죄책감으로 남았다.

"아빠한테 잘못했던 부분이 생각날 때, 아빠한테 너무 심하게 했을 때가 많이 생각이 나요. 제가 지금 이런 처지(미혼모)에 있는 상황이 아빠 때문이라면서 아빠 탓을 많이 했기 때문에. 그걸 직접적으로 아빠한테 표출을 하기도 했고. 아빠가 많이 속상했을 것 같은 생각이 드니까 돌아가시고 난 다음에 그걸 제일 많이 후회했어요."

그렇지만 살아 계실 때 힘들어 보였는데, 아빠가 지내는 곳에선 덜 힘들기를 바라는 마음을 표현하며 아버지의 묵직했던 삶을 회고했다. 그리고 장례식을 치르며 염습 후에 마지막으로 아버지를 만날 수 있었던 것을 다행스러워했다. 감정을 주체하지 못해 자주 눈물이 나지만 같이 지내는 가족들과 대화를 나누고 가능하면 유쾌하게 지내려고 하다 보니 조금씩 나아지고 있다고 했다.

"다른 생각이나 다른 일에 집중하려고 해요. 기왕이면 더 긍정적이거나 유쾌하게 지내려고 해요. 같이 사는 친구들하고 어울린다던가 얘기한다던가. '나 아빠 너무 많이 보고 싶어' 이렇게. 표현하고, 위로받고, 아니면 가족들한테 전화해서 얘기를 하면 좀 나아지더라고요.

아버지는 강하지만 약했고 정이 많은 분이었으며, 자신은 나쁜 딸이었다고 했다. 아버지는 하나 씨가 결혼을 하지 않고 혼자 아이를 키우는 것도 인정해주시고 아이를 예뻐해주셨다고 했다. 아빠 없이 아이 키우는 것을 걱정한 아버지의 마음을 이해하며 미안하고 죄송하고 고맙다고, 정말 많이 사랑한다고 말했다.

그리고 아버지의 당부를 마음에 담고 있었다. 혼자 아이를 키우는 만큼 당당하게 아이를 키울 수 있는 엄마로서의 자격을 잃지 말기를 바라셨고, 여성적인 아름다움이나 커리어를 쌓아서 당당하게 살기를 바랐다는 이야기를 하며 아빠에게 인정을 받을 수 있도록 잘 살고 싶다는 의지를 보였다.

"아빠가 원하는 삶을 100% 못 살더라도 그냥 '잘 살았다'는 그런 삶을 살고 싶어요."

죄책감에서 감사와 사랑으로 감정이 변하는 그녀의 이야기를 들으며 이 시간이 깊은 애도의 시간이 되었다는 것을 알 수 있었다.

5) 아버지 장례에서 어머니를 떠올린 옥순 씨

50대 후반의 옥순 씨 어머니는 17년 전 교통사고로 돌아가셨다. 딸이라고 차별받으며 자라왔던 옥순 씨는 어머니와 둘도 없는 '동맹' 관계로 똘똘 뭉친 사이였기에 하늘이 무너지는 슬픔을 겪었다. 5개월 전 아버지마저 예기치 않게 돌아가셨다. 86세였지만 정정하셨던 아버지는 아무도 없는 집에서 숨진 지 이틀 만에 발견됐다. 화장실에서 나와 거실에서 쓰러져 돌아가셨다. 아버지의 죽음은 석연치 않은 구석이 많았지만 부검은 하지 않았다.

"주변에 아무도 없으니까 이런 일이 생겨 참 안타깝죠. 아무도 임종도 못하고 그러니까 그게 너무 슬픈 것 같아요. 내가 마지막 죽을 때 그 순간 아무하고도 손도 못 잡고 눈빛도 못 맞추고 그런다면…… 외롭고 힘든 그 순간을 그냥 이 세상 작별을 한다는 거. 떠날 때는 어떤 인사라도 하고 가야 되지 않을까 이런 거 있잖아요."

다행히도 아버지가 돌아가시기 열흘 전 옥순 씨는 반찬을 챙겨드리러 갔었다. 그때 아버지를 본 게 마지막이었다. 코로나 대유행 시기여서 아버지의 장례식은 상주들과 가까운 친척들, 지인들과 조촐하게 치렀다. 아버지 장례식장에 온 외가 친척들은 어머니의 죽음을 소환해서 통곡하셨다. '현재'의 아버지 장례식은 17년 전 돌아가신 어머니에 대한 지연된 애도의 장(場)이 되었다. 어머니의 사별 경험이 옥순 씨에게는 아버지 애도의 '예방주사'가 되어주었다.

"이번에 아버지 보내드리니까 제가 충격은 받았어도 엄마 때보다는 그렇게 막 응어리가 올라오거나 옛날처럼 그러지는 않았어요. 조금 힘든 게 뭐냐 하면 아버지 장례식인데 자꾸 엄마가 떠올라서 힘들었어요."

그래도 옥순 씨는 아버지 돌아가시기 6년 전, '아버지와 함께 오롯이 한 달 살기'를 하면서 아버지한테 속마음을 털어놓기도 했다.

"제가 독백처럼 말했어요. 진짜로 중학교 때 아버지가 정말 미웠다. 초등학교 때도 미웠다. 몇 가지 얘기했더니 아무 말씀 안 하시더라고요. 그냥 그 시선을 떨구고. 제가 앞에 앉아서. 가만히 이렇게 제 말 듣기만 하는. 아무 대꾸도 안 하셨거든요. 듣기만 하는 그거가 아버지가 저한테 미안한 거라고 저는 받아들였어요."

옥순 씨는 그 뒤로 속에 있던 뭔지 모를 덩어리가 빠져나가면서 아버지를 대하기가 정말 편해졌다고 했다. '장기화되는 코로나' 상황 속에서 아버지 장례식에 참석한 사람들과 가족 모두 확진되어 미안하다고 했다. 하지만 아버지 장례를 치르면서 감사한 것은 삶을 성찰하며 자유롭게 살기로 마음먹을 수 있게 되었다는 것이다.

6) 같은 해 부모님을 모두 떠나보낸 다예 씨

50대 초반 다예 씨는 코로나 상황이 심각했던 2021년 봄과 여름 아버지, 어머니를 준비 없이 떠나보내야 했다. 아버지는 폐암 말기, 어머니는 간암 말기였다. 다예 씨의 아버지는 죽음의 장소를 집으로 선택하셨고 어머니는 자식 걱정에 요양을 잘 누리지 못한 채 병원에서 존중받지 못하고 돌아가셨다. 두 분의 죽음을 비교하면서 다예 씨는 말끝마다 "속상하다", "밉다"고 했다. 주변에서 죽음 경험이 없었기 때문에 애도가 더욱 힘들었다고 했다.

"아버지는 진짜 자기가 하고 싶은 대로 다 하고 그랬어요. 저희 엄마는 간암 말기 환자였는데도 그 뒤치다꺼리 하면서 아버지가 하고 싶은 대로 다 해준 거니까요. 저는 아버지가 좀 밉죠. 아버지가 당신 주장을 좀 꺾으셨으면 엄마가 좀 덜 힘드셨을 텐데. 그게 조금 밉죠. 엄마 때는 병원에서 돌아가셔서 그게 제일 속상했어요. 너무 속상했죠. 병원의 기계적인 의료서비스 때문에 화가 났죠."

1년이 지난 지금도 다예 씨는 아버지를 간병하느라 힘들었던 어머니의 죽음이 마치 아버지 탓인 양 아버지에 대한 부정적 감정을 지속적으로 표현하고 있다. 온전히 부모님의 죽음을 받아들이지 못하고 있는 모습을 보였다.

어머니의 죽음을 겪으면서 다예 씨는 어느새 '병원은 사람이 죽기에는 너무 삭막한 공간'이라던 아버지와 같은 생각을 하게 되었다. 생전에 다예 씨의 어머니는 연명치료 거부의향서와 시신기증 서약서까지 준비해놓으셨다.

"엄마가 돌아가시기 전에 연명치료 안 하신다고 결정을 하셨어요. 아버지 것까지 다 하자고 그래서 가서 저까지 셋이 다 써버렸거든요. 시신 기증까지 했어요. 엄마는 자식들한테 어떤 것도 힘들게 하기를 원하지 않으셨어요. 아프신 노인네가 그걸 다 해놓으신 거죠. 지금 생각해도 속상하더라고요."

그때 다예 씨도 엄마를 따라 연명치료 거부와 시신 기증을 서약했다. 다예 씨는 사별 경험에 대한 애도가 개인의 문제뿐만이 아니라면서 사회제도적 도움이 필요하다고 힘주어 말했다.

"호스피스 과정을, 좀 위로받고 두려워하지 않은 상태에서 이렇게 좋은 이야기를 하면서 보내드릴 수 있었으면 정말 좋았을 텐데, 너무 속상하더라고요. 막 허겁지겁 마무리를 하느라 엄마가 너무 황망하게 가신게 의사들 책임처럼 여겨져 너무 밉더라고요."

다예 씨는 출생하는 아이들을 돌봐주는 것처럼 죽어가는 사람과 그 가족을 돌보는 프로그램이 접근하기 편한 공공기관에 열려 도움과 위로를 주면 좋겠다고 말했다.

"상실을 겪고 힘들어 손잡고 싶을 때는 어떤 지푸라기라도 잡고 싶은 심정이거든요."

7) 죽음 트라우마가 심했던 명숙 씨

60대 초반 명숙 씨는 엄마가 15년 전 당뇨 합병증으로 암 선고를 받고 한 달 만에 돌아가신 후 지금까지 우울증, 수면장애로 고통받고 있다. 의사는 명숙 씨에게 어머니의 암 선고 사실을 알리면 투병 중인 아버지마저 충격받고 돌아가실 수 있다고 했고, 그래서 아버지께 알리지도 못했다. 2022년 2월 명숙 씨의 아버지는 96세로 오랫동안 치매를 앓던 중 폐렴으로 시작해 '코로나 감염'으로 돌아가셨다.

사실 명숙 씨가 부모님을 향한 '죄책감'에서 헤어나오지 못하는 사건은 따로 있다. 어머니가 호흡곤란으로 돌아가실 위기의 순간에 명숙 씨가 무의식적으로 거즈로 코와 입을 막았던 것이다. 명숙 씨는 자신이 간직했던 거즈를 몇 해 전 남편이 버렸다고 말했다. 어머니를 추억하게 하는 유일한 물건을 남편이 마음대로 한 것이다.

"엄마가 숨 막히는 그 순간에 제가 거즈를 갖고 와서 엄마 입과 코를 다 막았어요. 초등학교 3학년 때 누군가가 혀 깨물고 죽었다는 말이 생각났어요. 그걸 제가 수시로 꺼내 물고 엄마 상황이 되어 보는 거예요. 마지막 순간 엄마가 물었던 거즈잖아요. 그 모양 그대로 제가 그대로 입에 물어보는 거예요. 그러면은 제가 엄마가 되는 거 같았죠."

어릴 적 저수지에 빠졌던 명숙 씨를 구해주신 생명의 은인인 어머니에게 자신은 배은망덕한 딸이라며 울먹였다. 늦게나마 명순 씨는 아버지께 어머니의 죽음을 알려드렸다.

"무릎 꿇고 아버지한테 사죄드리고 한 달 뒤쯤에 유골함을 갖고 와서 아버지한테 '여기 이게 엄마다. 3년 전에 돌아가신 엄마다'라며 사진과 함께 보여드렸어요. 우리 신자들이 기도해주고. 또 그렇게 아버지한테서 엄마를 떠나 보내게 했어요."

하지만 긴 병에 효자 없다고 아버지 간호를 하면서 가족관계에 갈등이 극에 달하게 되었다. 큰형부가 엄마 돌아가셨을 때 2일장을, 아버지 때는 코로나로 돌아가셨으니 당일장을 하자고 우겼다. 명숙 씨는 그 말을 듣고 죽고 싶었다고 했다. 어떤 이유에선지 명숙 씨는 자신이 아버지에게 코로나를 전염시켰다고 믿고 있었다. 그녀는 3년간 제대로 얼굴 한 번 못보고 외롭게 돌아가신 불쌍한 아버지의 마지막 입관 모습을 코로나로 인해 영상으로밖에 볼 수 없었다.

"비닐로 그 작업을. 관에 넣기 전에 딱 1분인데 저한테는 1분이 아니고 한 20초 정도밖에 안 보여준 것 같았어요."

아버지 사별 이후 명숙 씨는 복잡한 인간관계에 환멸을 느껴 친구 두 명하고만 연락하고 있다. 할아버지 장례에 왔던 손녀마저 코로나에 감염되자 명숙 씨의 모녀 관계조차 어려움에 처했다. 그럼에도 명숙 씨는 '상담으로' 상처받은 사람들을 치유하고자 하는 소망을 붙들고 하루하루 견디며 살아가고 있다고 했다.

8) 코로나에 밀려 어머니가 병원에 못 간 주은 씨

50대 후반 주은 씨는 2년 전 어머니를 잃었다. 갑자기 심근경색으로 돌아가셔서 죽음은 전혀 예상하지 못했다. 어머니는 일생을 자식밖에 모르고 오로지 자식을 위해 희생하며 살아오신 분으로, 그중에서도 4남매 중 차녀였던 주은 씨를 많이 믿고 의지하셨다. 주은 씨도 평소 무릎 관절이 나빠 고생하시는 어머니가 안쓰러워 자신의 멀쩡한 다리와 한 개씩 바꾸어 살았으면 좋겠다는 생각을 종종 했을 정도로 어머니를 지극히 사랑했다. 어머니는 심장이나 신장을 포함하여 전반적으로 건강 상태가 좋지 않으셨는데 골절이 된 상태에서도 자식에게 주실 욕심으로 풀을 뽑고 곡식을 심으셨다. 주은 씨는 자신의 삶이 없이 오로지 자식을 위해 모든 것을 쏟아붓는 그런 어머니가 오히려 부담으로 느껴질 때도 많았지만 지금 와서 생각하면 그것이 어머니 삶의 의미였던 것 같다.

주은 씨는 코로나 상황이 아니었으면 어머니가 조금 더 오래 사셨을지도 모른다는 생각을 한다. 어머니가 운명하시기 일주일 전, 마침 어버이날이어서 주은 씨는 고향에 내려가 어머니를 모시고 외식을 했다고 한다. 어머니를 만나고 온 지 이삼일 뒤, 언니로부터 어머니 몸 상태가 조금 안 좋아 보인다는 연락을 받았다. 어머니께서는 코로나 상황이라 입원하는 과정도 복잡하니 병원보다는 그냥 집에서 있어 보겠다고 하셨는데 며칠 뒤 주무시다가 돌아가셨다.

"아니었으면, 아마 입원을 해서 조금 더 다른 조치가 있었으면, 그때

아마 안 돌아가셨을지도 모르겠어요."

어머니의 장례 후, 주은 씨는 수축기 혈압이 180까지 오르고 벌에 쏘이는 것 같은 따끔따끔한 증상의 두통을 앓게 되었다. 형제들이 고향 집에 어머니의 유품을 정리하러 내려갈 때도 주은 씨는 몸이 좋지 않아 함께 내려가지 못했는데, 그날 밤에 꿈을 꾸게 되었다고 한다. 꿈속에서 평소에 다리가 안 좋고 허리도 굽어서 걷는 것도 힘들어하시던 친정어머니께서 나타나셨다.

"엄마가 '내가 이렇게 다리가 다 펴졌다. 이거 봐라' 그러면서 저한테 자랑하시는데. 그 꿈을 꾸고 일어나니까 그 따끔거리는 머리가 싹 가신 거예요. 그 다음 날부터. 내가 너무 슬퍼하니까 엄마가 너무 슬퍼하지 말라고 '나 좋은 곳에 갔다'고 보여주신 것 같은 느낌이 들어서 혈압도 내려가고 머리 따끔거리는 것도 가시고. 이게 마음이 조금 편안해졌다고 할까요?"

주은 씨는 어머니의 죽음을 통해 바람만 가지고 살기에는 인생이 짧다는 생각을 확고하게 가지게 되었다고 한다. 또한, 평소 자식을 위해 마냥 희생만 하고 살아온 어머니에게 마음의 부담을 많이 느꼈기에 자식의 마음을 가볍게 하기 위해서라도 자신을 위해 취미생활과 여가생활을 즐기고 있으며 자식보다는 부부 중심으로 살려고 노력하고 있다.

9) 어머니 임종을 지키지 못한 희애 씨 부부

50대 후반 희애 씨는 1년 전 시어머니를 잃었다. 시어머니는 마음이 넓고 인심이 후해서 마을에서도 평판이 좋은 분이었는데 며느리인 희애 씨에게도 31년 동안 단 한 번도 싫은 소리를 하신 적이 없었다. 오히려 늘 격려해주시고 칭찬해주셔서 친정어머니처럼 믿고 따랐다고 한다. 다만 손주 욕심이 많으셔서 며느리에게 자녀를 많이 둘 것을 은근히 강요하셨는데, 이는 희애 씨가 결혼하기 1년 전에 시동생이 군 복무 중에 사망한 사건과 관련이 있다. 시어머니는 정성으로 키워 군에 보냈던 막내아들이 군대에서 사고로 죽게 되자, 오랫동안 상실감과 불안감에 가슴앓이를 해오셨고 그 보상으로 아들 내외가 자녀를 여럿 두기를 원하셨다. 희애 씨는 자식을 잃은 시어머니의 슬픔을 이해하고 어머니의 요구를 수용하여 그 뜻에 따라 자녀 셋을 두었다. 시어머니는 삶의 모든 재미를 손주들을 통해 얻으셨으며 자신의 뜻을 따라준 며느리에게 항상 고마워하셨다고 한다.

시어머니는 운명하시기 5개월 전부터 어깨 통증으로 무척 고통스러워하셨다. 어깨 쪽이라 노인성 관절 문제로만 생각했는데 이상하게도 통증은 점점 심해져갔다. 당시 코로나가 엄중했던 시기라 큰 병원에서는 심각한 질환이나 응급 상황이 아니면 환자를 받지 않았다. 요양병원에 입원은 가능했지만 요양병원은 한 번 들어가면 자녀들을 보지 못한 채 혼자 계셔야 해서 이를 싫어하는 시어머니 때문에 입원을 미루게 되었다. 시어머니의 병세는 더욱 악화되어 갔고 어머니는 급기야 통증으로 인해 헛소리에 환시 증상까지 보이셨다. 병세가 심각해지자 비로소 충주의료원에 입원할 수 있게 되었다.

"이놈의 코로나 상황이 그런 거를 인지하고 계시고 또 그렇게 들어가
시면 자식들 누구도 볼 수 없는 상황으로 이어진다는 것도 알고 계시니
까, 당신도 최대한도로 참아보려고 그러는데. 점점 통증이 심해지면서
끝에 가서는 진짜 한 달 전에는 그렇게, 몸이 너무 통증이 심하니까 정
신까지 문제가 왔던 거죠."

병명은 폐암이었다. 희애 씨의 남편이 주보호자가 되어 시어머니
의 간병을 했는데, 남편은 몸이 힘든 것보다 통증으로 괴로워하는 어
머니를 무기력하게 지켜볼 수밖에 없는 정신적 고통으로 더 힘들어
했다고 한다. 게다가 여자 병실이다 보니 남자가 간병하는 것에 대해
불편하다고 항의하는 사람들이 있어 결국 간병인을 부르게 되었다.
이로 인해 남편은 시어머니의 임종을 지켜보지 못했는데 시어머니가
운명하시던 날, 연락받고 달려가 병실 문을 여는 순간 어머니께서 운
명하셨다. 그 후로 6개월 가까이 남편은 임종을 지키지 못한 것에 대
해 무척 마음 아파했다. 더욱 아쉬운 것은 코로나로 인해 시어머니가
병원에 입원해 계실 때 그토록 예뻐하셨던 손주들을 자유롭게 보지
못했다는 것이었다.
시어머니와의 사별 후, 희애 씨는 삶에 대한 집착이 없어졌다고 했
다. 내일 어떻게 될지 모른다는 생각이 들어 오늘을 행복하게 살아야
겠다고 생각한다. 시어머니가 돌아가신 지 1년 2개월이 되었지만 지
금 회상해도 코로나로 인해 입원이 어려워 어머니가 당하셨던 고통,

병원에 자유롭게 드나들지 못했던 답답함, 임종 때 어머니 곁을 지켜주지 못했고 임종으로 가는 길목도 잘 지켜주지 못했던 슬픔들이 모두 떠올라서 마음이 아프다고 말했다.

10) 아버지 같은 오빠를 떠나보낸 도연 씨

50대 후반 도연 씨는 6개월 전 오빠를 코로나로 잃었다. 워낙 건강했기에 웬만한 병이 걸려도 잘 나을 것이라 생각했지만 갑자기 코로나로 인해 합병증이 발병되면서 병세가 위중해져 사별하게 되었다. 생전에 오빠랑 돈독했고 아주 특별한 사이였기에 상심이 너무 컸다.

어떻게 보면 남편보다 더 의지했던 사람이 오빠였다. 4남매였고 오빠 둘, 언니가 있는데 도연 씨는 막내였기에 오빠와 언니로부터 많은 관심과 지원을 받았다. 어릴 때부터 소아마비여서 목발을 짚고 다녔기에 행동의 불편함이 많았던 도연 씨를 오빠가 어려서부터 업고 다녔다고 한다. 걱정과 염려로 잘 챙겨주었고 돌보아주었기에 아버지 같은 존재였다. 작은오빠와 언니도 잘 챙겨주었기에 장애자라는 인식 없이 티 없이 자란 것에 나름 자부심을 느끼기도 하고 지금까지 잘 살아왔다.

그런데 7개월 전 오빠가 코로나로 입원하게 되었다는 소식을 들었는데, 그냥 언론에서 보도되는 정도로 적당히 격리하여 치료를 받으면 나을 줄 알았기에 별 신경을 쓰지 않았다. 그런데 갑자기 돌아가셨다는 말에 겁나기도 하고 이제 어떻게 살아가야 하나 너무나 힘들었다. 지금도 여전히 감정이 추스러지지 않는다.

"이미 6개월이 지나 감정의 여파는 줄어들었지만 아직도 여전히 힘
들기도 하고 문득문득 지나가다가 약간 슬픈 음악이 나오거나 또 어떤
아름다운 장면이라든가, 또 비가 오든가 여러 가지 그런 걸 통해서 추억
이 생각나고 또 슬픔은 여전히 계속 남아 있어요."

도연 씨는 오빠의 장례식장에 처음에는 갈 수가 없었다. 오빠의
죽음을 직면하는 것이 어려웠고 너무 상심이 커서 도저히 갈 수가
없어서 못 갔다. 그런데 안 가면 두고두고 후회가 되고 응어리로 남
을 것 같아서 마지막 날에 갔다. 그만큼 오빠의 죽음을 수용하기 힘
들었다. 장례를 마치고도 형제랑 연락하는 것이 꺼려질 정도였다. 남
매끼리 우애가 좋아 자주 연락하고 지냈는데, 형제들과 만나 이야기
라도 하면 오빠 생각이 더 나고 그 생각을 받아들이기가 너무 겁나
지금은 연락도 안 하고 안 만나고 있다고 했다. 새언니와도 통화를
못 할 정도였다. 새언니가 전화를 받으면 오빠 생각이 더 날까 봐 서
로가 불편해서 여전히 지금도 각자 애도의 시간을 갖고 있다. 병원
에서 임종하는 과정에 있으면 지켜보면서 마지막 인사도 하고 작별
인사도 하고 이런 과정들을 겪어야 했는데, 그게 안 됐기에 오빠와
의 사별 과정은 무방비 상태로 예상하지 못한 채로 갑자기 어느 날
그냥 '싹둑 무 자르듯이' 그냥 딱 끝나버린 것 같아서 굉장히 힘들었
다고 한다.

"힘든 정도가 아니라, 내 인생에 있어서 이렇게 힘든 적이 없었던 것 같아요. 그래서 만약에 내가 하나님을 믿지 않았으면······. 그래서 동반 자살하고, 계속 따라서 막 죽는 사람들 있잖아요. 그게 이해가 가더라고요. 오 진짜 그런 일들이 있을 수 있겠구나 싶더라구요."

그럼에도 불구하고 오빠는 죽었지만 하늘나라에 갔을 거라 생각하며 긍정적으로 살고자 노력한다고 했다. 현재 도연 씨는 상실과 사별은 누구에게나 닥칠 수밖에 없는 것이라 생각하며 만나는 사람들과 공감하고, 유익한 방향으로 살아가려고 노력하고 있다.

11) 코로나 감염으로 외삼촌을 잃은 재우 씨

20대 후반 재우 씨는 1년 전 외삼촌을 코로나로 잃었다. 외삼촌은 원래 지병이 있으셨는데, 면역력이 약해져서 병원에서 투병 생활을 하다 바로 돌아가셨다. '잘 이겨내서 회복하겠지'라고 생각했지 돌아가실 거라고 생각하지 못했기 때문에 충격이 컸다.

재우 씨는 어렸을 때부터 외삼촌이랑 같이 살았기에 사이가 각별했다. 나이는 15살 차이가 나지만 티키타카가 잘 맞아 서로 장난을 칠 정도로 친했다. 외삼촌이랑 놀 때는 나이 차이가 느껴지지 않았고 친구같이 잘 지냈다. 몇 년 전에 외삼촌이 갑자기 간이 안 좋아 수술을 해야 하는 상황이 있었는데, 가족들 중에 간 기증자를 찾아야 하는 상황일 때 본인이 딱 맞아 주저 없이 간을 기증할 정도로 소중하고 의미있는 관계였다.

대학을 졸업하고 병원에서 근무하던 중 외삼촌이 병원에 입원했다는 말을 들었을 때 현대 의료기술로 잘 치료되리라 생각했다. 코로나 양성판정을 받았다고 했지만 잘 이겨내리라 생각했다. 하지만 며칠 견디지 못하고 외삼촌이 죽었다는 소식을 들었을 때 처음에는 믿기지 않았고 외삼촌의 죽음을 받아들일 수 없었다. 지금도 여행 가서서 볼 수 없는 것 같은 느낌이 든다고 했다. 병문안은 생각할 수 없었고 코로나 양성반응자는 일반인과 엄격하게 격리하여 치료했기에 대부분의 사람들이 겪는 과정으로만 생각을 했다. 그런 만큼 외삼촌의 죽음은 재우 씨에게 큰 충격이었다. 그에게는 의미 있는 죽음의 첫 번째 사례였다.

"엄청 믿기지가 않았어요. 그냥 어디 해외 갔다가, 그냥 여행 가신 것 같은 그런 느낌이 들어요. 돌아가시고 안 계신 게 아니라 멀리 어디 가셨거나 그런 감정으로만 있고, 아예 사라지고 돌아가셨다는 그런 생각은 안 드는 것 같아요."

얼떨결에 보내드려서 그런가 하는 생각도 들지만 재우 씨에게 아직까지 죽음을 받아들이는 것이 어려운 것 같다. 지금도 '병원에라도 갔어야 하지 않았나', '면회라도 해야 되지 않았나'라는 자책감과 후회감이 자주 밀려오는 듯하다. 산소호흡기를 끼고 있는 상황이었기에 말도 할 수 없는 형편이었고 면회를 하더라도 얼굴만 볼 수 있을 정도였지만, 그래도 참으로 후회가 많이 느껴진다는 말을 자주 했다. 코

로나 양성판정으로 돌아가셨기에 장례식에서 시신을 보는 입관 체험
도 생략되었고, 곧바로 화장장으로 처리되어 유골함으로 옮기는 과정
만 봐서 더 안타까웠을 것이다. 생전 유언이나 임종도 지켜보지 못하
고 그저 유골함만 받고 걸어가는 외숙모와 아이들이 아직도 눈에 선
하게 들어와 재우 씨는 감정을 드러낼 수 없을 정도로 마비된 상황이
었고, 사별한 지 1년이 지났지만 지금도 믿기지 않는다고 했다.

4장

코로나 시대
애도 이야기

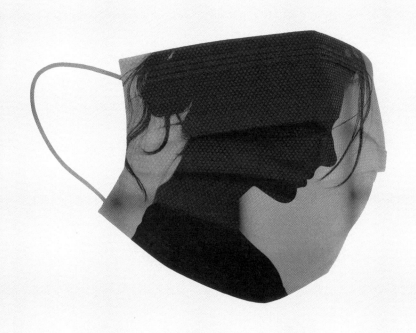

4장에서는 코로나 시기에 사별을 경험한 이들의 인터뷰 내용을 주제별로 정리했다. 여전히 이들은 애도작업을 진행하고 있으며 각자의 사별 경험을 자기만의 애도 이야기로 풀어내고 있었다. 이를 통해 지난 코로나19 시기를 어떻게 겪어왔으며, 어떻게 자기만의 서사를 쓰는지 이해하고자 한다. 또한 코로나19가 미치고 있는 영향과 후유증이 개인뿐만 아니라 사회 전반적으로 어떠한 문제를 야기하고 있는지 정리하고자 한다.

1. '준비 없이 다가온 죽음'을 경험하다

죽음이 두렵고 견디기 어려운 것은 평소 죽음과 같은 불행한 일은 자신에게는 일어나지 않을 것처럼 여겨 준비하지 않은 상태에서 '당하게' 되는 일이기 때문이다. 죽음은 특별한 경우가 아니면 예측할 수 없기에 갑자기 다가온 죽음에 대비하는 것은 쉽지 않은 일이다. 그렇기 때문에 죽음을 맞았을 때 혼란스러움을 느끼게 되고, 애도의 한 방법으로 자책을 하기도 한다. 그리고 장례를 치르는 동안에는 상조회사의 도움을 받기 때문에 가족들이 주체가 되어 행사를 치르는 애도의 시간을 갖기가 힘들다.

1) 혼란과 자책감을 느끼는 사람들

인터뷰에 참여한 사별자들은 죽음을 받아들이기에 아직 준비가 안되었다고 한다. 나이와 상관없이 죽음은 받아들이기 힘든 사건이다. 그래서 불교에도 사랑하는 사람과의 이별을 애별리고(愛別離苦)라고 하여 인간의 가장 큰 고통 중에 하나라고 여기고 있다. 유교에서도 망자가 조상이 되는 과정이라 생각해 죽음 관련 예법에 하나하나 의미를 부여할 정도로 중요한 과정으로 여기고 있다. 그런데 우리는 대부분 이에 대해 배울 기회가 없었기에 죽음문화와 애도의례에 대해 혼란을 겪는다.

우리는 살면서 무언가를 계속 예측한다. 어느 시기에 인생의 어떤 과정을 맞닥뜨릴지 예감을 하며 살아간다. 그런데 그 예감이 죽음과 같은 불행이라면 말로 표현할 수 없는 고통을 느끼며 힘들어한다. 특히 준비 없는 죽음에서 온 상실일 때 사별 경험에 온통 사로잡힌다.

거의 대부분의 사람들이 죽음을 만나면 혼란감을 느낀다. 죽음은 한 사람에게 한 번의 사건이기 때문에 대개는 준비되어 있지 않고, 지금까지 같이 있던 사람과 더 이상 소통할 수가 없어 혼란스러워한다. 치러야 할 상장례 의식, 법적·경제적 문제 등 짧은 기간 동안 해결해야 할 문제도 한둘이 아니다. 그런 일들을 처리하느라 자신의 애도에는 신경을 쓸 겨를이 없어 혼란스럽다. 그리고 대부분은 고인과의 약속을 지키지 못한 사건을 떠올리거나 자신으로 인해 일찍 죽은 것은 아닌지 고민하며 죽음의 발단에 자신이 개입되어 있다는 생각으로 자책감을 가지는 경우가 많았다. 모든 것이 자신의 탓이 아니라는 것을 모르는 바는 아니지만 일정 부분 자신의 탓으로 돌리는 것 또한 나름의 애도 방법이다.

사별 경험자들은 코로나 때문에 또는 자신들의 일상이 바빠서 병원에 모시고 가지 않았던 것을 후회하는 경우가 많았으며, 그 때문에 죽은 것 같다고 하는 경우가 많았다. 그리고 암에 걸렸다는 사실을 말하지 않아 인권을 침해했다는 사실에 자책을 하기도 했다. 그래도 몇 년 더 사실 줄 알았는데, 갑자기 돌아가시는 바람에 혼란스러워서 받아들이기 힘들었던 경험과 엄청난 통증을 겪는 걸 보면서도 아무것도 해줄 수 없다는 무력감을 호소하기도 했다.

코로나로 인해 면회가 전면 금지된 것이 자신들의 탓이 아니라 정부의 지침임에도 자신들이 고인에게 소홀했던 것처럼 죄의식을 느끼기도 했으며, 실제 코로나 밀접접촉자로 분류되어 검사를 받는 동안 돌아가셔서 장례식에 참석하지 못할지도 모른다는 두려움에 떨기도 했다. 이처럼 코로나 시대의 죽음은 사별 경험자들의 감정을 더욱 혼란스럽고 부정적인 것으로 만들었다. 그로 인해 받은 상처를 회복하는 데도 시간이 걸릴 것이다.

"아침에 나가셔서 갑자기 길에서 쓰러지셨어요. 뇌경색이 있으셨는데 특별히 심한 건 아니었고 심장 쪽이 아프다고 하셨는데, 그 주에 병원을 예약했거든요. 더 일찍 가셨어야 했는데."
_도연

"생전에 엄마가 저를 많이 의지하고 사셨고 나도 부모님에 대한 마음이 굉장히 컸기 때문에. 그러니까 언젠가는 이별을 할 것이라는 예상은 하고 있었는데 그래도 한 몇 년 정도는 더 살아 계실 것이라고 예상을 했는데. 그렇게 만나고 일주일 후에 갑자기 돌아가시는 바람에 처음에 받아들이기가 너무 힘들었죠."
_다예

"아빠가 암 지병이 있으셨지만 빨리 퍼지거나 그런 상태가 아니었기 때문에 그렇게 갑자기 폐렴이 와서 돌아가실 줄은 예상을 못한 상태였거든요. 그래서 그때 아빠가 돌아가시고 나서는 좀 많이 힘들었어요. 계속 병원을 왔다 갔다 하고 제가 혼자 다 모시고 다니느라 저도 힘들고. 그런 상황 속에서도 아빠가 그렇게 빨리 가실 거라는 예상을 못했고 그랬기 때문에 갑작스러웠죠."
_이랑

"요양병원에서 한림대 병원으로 옮겨서 2주 계시다 돌아가셨는데 면회가 전면 통제됐어요. 그러니까 '아예 오지 마세요' 하고 돌아가신 거예요. 그거 생각하면 너무 막 끓어올라요. 제가 생각할 때 엄마가 분명 더 견디실 수 있었을 텐데 매일 한 사람은 봤었는데 그 기간 동안은 가족을 아무도 못 본 기간이었던 거잖아요. 그러니까 그거를 생각하면 엄마 입장에서도 '너무 힘들었겠다' 이런 생각이 드는 거죠. 그거가 제일 힘들었어요. 아무도 못 보고 엄마 혼자서 그렇게 지내게 했다는 거."   _주은

2) 장례를 치르는 것에 대한 어려움

사별 경험자들은 자신의 애도작업은 물론 사람들을 모시고 장례를 치르는 것에 대한 스트레스를 호소했다. 체면과 대인관계에 민감한 우리 문화에서 장례는 여전히 사람들에게 알리고 이를 풀어내는 과정까지가 매우 중요한 절차다.

대부분의 사회에서는 삶과 죽음의 크고 작은 사건들을 중심으로 문화를 구성하며 살아간다. 특히 죽음 관련 영역에서는 한계의 영역으로 존재하기에 종교의식이나 전문적인 장례지도사의 안내를 받으며 장례를 치른다. 우리 문화에서 고인은 죽음 이후 3년 동안 사자와 생자 모두 비일상의 영역이 존재한다고 여기는 것이 하나의 문화적 가치로 인식되어 왔다(최진아, 2016). 따라서 이를 지키지 못하는 것은 고인이 조상이 되지 못해 귀신같은 중간자적 존재로 후손들에 영향을 미친다는 걸 의미한다. 이에 장례는 유가족에게 중요한 의례이자

어려운 관문일 수밖에 없다.

　장례가 끝난 후에도 법적인 절차부터 행정적인 절차, 물품 정리 등 다양한 준비가 필요하다. 실제 고인에 대한 사망진단서가 있어야 상례를 치를 수 있는데, 원칙적으로 사망 후 24시간이 경과해야 사망진단서를 발급받을 수 있다. 사망진단서는 검안 의사, 한의사에게 교부받아야 하며, 집에서 사망한 경우에는 형사들의 확인 절차 등을 거쳐야 한다. 물론 사망진단서 발급 전에는 입관할 수 없는 것이 원칙이나, 7개월 미만에 죽은 태아와 법정 전염병으로 사망한 시체는 24시간 전이라도 매장이나 화장이 가능하다. 또한 장례 과정에서 해결해야 하는 시신 처리와 장묘 문제 등 다양한 문제들이 있기에, 이를 처음으로 접하는 사람들은 고인에 대한 애도보다는 이러한 문제를 처리하는 것에 대한 어려움을 호소했다.

　죽음의 유형이 다양한 것처럼 사별 경험자들이 처리해야 할 절차도 경우에 따라 다양하게 이루어진다. 병원에서 사망한 경우에는 보다 절차가 단순하지만 자살이나 변사 같은 경우에는 경찰도 개입되므로 신체적으로나 심리적으로 장례도 치르기 전에 지쳐버리는 경우가 발생한다.

　가족이 많은 경우에는 이런 절차를 치르기가 보다 용이하지만 가족이 적은 경우에는 장례를 치르는 것에 집중하느라 애도에는 신경을 쓸 겨를이 없다. 장례식이 다 끝난 후에나 숨을 돌리고 나름의 절차를 진행한다. 코로나로 인해 도움을 줄 수 있는 자원은 더욱 적어진 것이 현실이다.

　더욱이 코로나에 걸린 사망자는 순식간에 시신이 처리되어 가족이 얼굴을 보고 인사를 하며 작별할 기회를 박탈당함으로써 가족들이 큰 상처를 받는다.

"그때는 사실 정신이 없어서 날짜들이 순식간에 지나간 것 같고. 게다가 코로나라서 코로나 검사하고. 또 아버님이 집에서 쓰러져서 돌아가셔서 변사로 처리가 됐거든요. 원인을 명확히 밝히지 않으면 시신을 인도할 수 없다고 했어요. 그것 때문에 또, 경찰서도 여러 번 가야 했고 상당히 피곤했습니다. 그 상황에 대해서 여러 번 설명도 해야 했고." _옥순

"저 혼자 갔죠. 아주 힘들었어요. 그 상황을 계속 얘기해야 하니까. 별로 기억하고 싶지 않은. 그 사람들은 원인을 알아야 하니까. 병으로 인한 사망이라는 것을 제가 입증해야 하니까. 괴로웠죠. 그 과정에서." _하나

"제가 형제가 없이 혼자이기 때문에 아빠가 돌아가시게 되면 내가 어떻게 해야 할지, 아빠 장례 절차를 어떻게 해야 할지 그런 생각했죠. 앞으로 내가 어떻게 해야 하지? 아이들 데리고 어떻게 해야 하지? 장례식장에서 며칠 지내야 하는데 아이들 학교며 아이들 짐은 뭘 챙겨야 하지? 당장 그런 현실적인 그런 것들에 초점을 맞출 수밖에 없었어요."

_지연

"하필이면 딸이 코로나 확진을 받아서 검사를 받은 날인 거예요. 그래서 남편이랑 선별진료소에 서 있으면서도 '아니 설마 우리가 걸리겠어. 걸리면 자가격리해야 하는데 엄마는 별일 없겠지. 우리 엄마 그럴 분 아

니야' 막 이런 얘기를 했는데 그날이 그날이 된 거죠. 확진되고 돌아가신 분들은 어떻게 돌아가셨는지 아무것도 본 거 없이 화장부터 시켜놓고 유골을 받는 그분들의 심정을 상상해보면 무너지죠. 전 무서웠어요. 저희도 그렇게 될까 봐. 근데 그게 아닌 것만도 감사해요."　　　_ 이랑

2. 팬데믹 속 유가족들의 감정

유례가 없는 코로나19 상황에서 장례를 치르면서 애도작업은 시작부터 혼란스럽다. 정부 지침도 자주 바뀌었고, 그에 따라 무엇을 어떻게 해야 하고 어디까지 연락을 해야 하는지, 시시각각으로 변하는 상황을 신경쓰고 그에 따라 절차를 행하느라 고인에 대한 애도보다는 장례를 치르지 못할 것에 대한 두려움과 죄책감이 앞섰다.

1) 애도를 박탈당할 것 같은 불안

애도할 수 없는 죽음을 '박탈된 애도'라고 한다. 애도는 슬픈 감정을 밖으로 표현하고 드러냄으로써 상례가 이루어지는데, 박탈된 애도는 그냥 거기 머물러서 고통만 호소하게 된다. 심지어 고통을 호소하지도 못하고 답답해하기도 한다. 고인의 죽음을 확인하고 애도작업을 해야 하는데 확인도 못하고 애도도 할 수 없거나 혼재되어 거기에 머물러버리는 상태가 된다. 죽음을 직면하지 않고 인정할 수는 없다. 그

런데 코로나 시국이기에 시신을 제대로 못 보고 입관이나 염습과 같은 상례의 단계가 생략되어 애도가 박탈될 것 같은 불안을 느낄 경우에는 죽음을 수용할 수 없는 상태가 되어 이후 다양한 문제를 낳는다.

'사회적 거리두기'로 대표되는 비접촉 행동과 마스크 문화는 인간의 자연스러운 접촉과 드러냄을 허용하고 있지 않다. 인간은 관계의 존재이기에 눈으로 보고 코로 냄새 맡고 귀로 들으면서 몸의 접촉을 통해 자신을 확인하는 존재다. 그런데 코로나는 접촉을 허용하지 않고 무언가를 가리는 상태를 기본 값으로 설정하기에 고인과의 접촉을 허용하지 않는다. 문제는 내면의 접촉 욕구가 있기 때문에 사회적인 규칙과 명령에 의해 접촉하지 못하는 자신을 부끄러워하며, 사회적 시선에 행동하지 못하는 자신을 자책하게 된다는 것이다. 특히 외부의 시선을 내면화하는 수치심은 자기 자신을 그렇게 봄으로써 문제가 심해진다. 거리두기가 자연스러워지면서 타인을 혐오하고 경계하는 본능을 자극함으로써 '인간은 사회적 동물'이라는 규정은 무색하게 되었으며, 오히려 사람이 아닌 기계나 사물과의 접촉을 통해 안심을 구하는 사회로 변모하고 말았다.

임종을 지키는 일이 중요한 우리나라 문화에서 선별된 몇 명이 임종을 지킨다거나 아예 임종을 지키지 못한 경우가 많이 발생했는데, 외롭게 떠났을 고인에 대해 가족들에겐 마지막 길을 배웅하지 못한 아쉬움과 죄책감이 남았다.

또한 코로나에 대한 정부의 지침으로 많은 사람들이 장례식에 참석하지 못했다. 정부의 지침도 있지만 코로나에 걸릴 것에 대한 염려로 부르지도 못한 경우가 많고, 불러도 가지 못한 사람들도 많다. 때문에 가족보다 친했던 친구나 이웃도 참석하지 못한 경우가 다반사였다. 유가족은 유가족대로, 참석하지 못한 이들은 그들대로 큰 상처를 받게 되었고, 박탈된 애도를 경험했다.

사별자들은 꼭 와주기를 바랐던 이들이 오지 않았을 때 무척 섭섭해했으며, 인간관계에 대한 회의마저 느끼는 경우도 있었고, 심지어 어머니가 돌아가셨다는 것을 아버지가 모르는 경우도 있었다. 이런 경우엔 아예 애도를 하지 못하는 상태인 것이다.

"임종도 아무도 못하고 그러니까 그게 너무 슬펐어요. 내가 마지막 죽을 때 그 순간 아무하고도 손도 못 잡고 눈빛도 못 맞추고 외롭고 힘든 그 순간을 그냥 이 세상 작별을 한다는 거, 떠날 때는 어떤 인사라도 하고 가야 되지 않을까 이런 거 있잖아요."   _ 옥순

"가시는 길이 무서울 거 아니에요. 아프고 죽어가는 그 과정이. 그때 그렇게 따뜻한 말을 계속 좀 해드릴 수 있었으면 얼마나 좋았을까. 병원에서 그렇게 돌아가시는 게 너무 싫고 화가 나더라고요. 진짜 사람이 죽는데 다른 사람한테 너의 죽음은 피해가 되니 길바닥에 탁 팽겨친 것 같은 느낌이어서 너무 화가 나는데 어디다 말할 데가 없어요. 병원은 너무 안 좋아요. 그리고 삶과 죽음에 대한 인식이 없어요."   _ 다예

"아버지는 그때 재활병원에 계셔서 엄마가 돌아가셨다는 것을 알릴 수 없는 상황이고, 그래서 지금까지도 아버지는 엄마가 병원에 입원해 계시는 걸로 알고 지금까지도, 엄마가 돌아가신 걸 모르는 것이 가장 가

슴 아프죠."   _ 주은

"지나고 나서는 제 마음을 제대로 못 돌아본 것 같아요. 아빠 직계 가
족들하고 친밀하지도 않고 손주들하고 보낸 시간도 그렇게 많지 않고.
그리고 또 할머니 할아버지가 다 재가를 하셨기 때문에. 그리고 아빠 이
복 형제들하고도 그렇게 친밀한 관계가 아니어서 아빠 친척들이 있어도
누구를 붙잡고 아빠의 얘기를 하면서 충분히 슬퍼할 만한 기회가 없었
던 것 같아요. 누구를 붙잡고 목 놓아서 울거나 진짜 그러지 못했어요."
                                                                _ 명숙

"딸은 확진이 됐고 저희가 가족이라 밀접 접촉자이기 때문에 선별진
료소 가서 검사받은 그날 밤이었어요. 그래서 저희는 못 나가는 상태였
고, 병원에서 엄마가 돌아가실 것 같다고 해서 동생이 가서 코로나 검사
하고 음성이 나오니까 동생은 엄마를 뵐 수 있었어요. 저는 다음날 검사
결과가 음성으로 나와서 장례식장으로 간 거죠. 제가 불교 신잔데 검사
결과가 음성으로 나왔을 때, 세상 모든 신에게 다 감사했어요. 장례를 치
를 수 있었으니까요."
                                                                _ 이랑

2) 내 탓이라는 죄책감

애도작업에서 사별 경험자들이 가장 많이 느끼는 감정 중에 하나
가 죄책감이다. 죄책감은 죽음 앞에서 극단적인 속성을 갖는다. 어떤

말도 다시 주워 담을 수 없고 화해할 기회도 없다고 생각한다. 하지 못했던 것에 대한 아쉬움을 표현하며 그런 것들을 했다면 좋았을 걸 하는 마음이 죄책감으로 표현되며, 원치 않는 반복된 사고로 스스로를 가둬둔다. 이런 반복된 사고는 대부분 비합리적인 것으로, 자신의 잘못이 아니라 어쩔 수 없는 상황에서 일어난 것이라는 '현실 검증'을 통해 완화될 수 있으나 그렇지 못한 경우는 위험할 수 있다.

예외 없는 위기 상황에서 극도의 불안이 자기 자신에 향한 것이 죄책감이다. 모든 것을 원망할 수 있는 대상이 사라지고 나면 그 사라진 대상에 대한 원망을 했던 자신을 비난하는 우울과 죄책감에 빠지는 것이 더 타당하기 때문이다. 상처로 가득했던 과거는 때때로 현재의 삶을 힘들게 만든다. 고통으로 기억되는 사건들은 쉽게 사라지지 않고 그림자처럼 붙어다니며 자신을 괴롭힌다.

한편으로 죄책감은 관계에서 받아들여지지 않은 것, 잘못된 것과 관련이 있다. 그러나 자신의 삶에 대한 결정, 결핍과도 관련이 있을 수 있으므로, 자신의 힘으로 어쩌지 못하는 것까지 죄책감으로 형성되어 있을 수 있다. 고인과 생전에 사이가 좋지 못했던 것도 죄책감으로 표현이 되는데, 다시 그때로 돌아가도 별반 다르지 않을 것이라는 점을 통해 죄책감이 완화되는 경험을 하기도 한다. 사실 애도작업에서 고인과 함께하는 의례를 통해 고인과 한 시공간에 머물게 되면서 다양한 감정의 파노라마를 경험한다. 하지만 이를 할 수 없을 때 더욱 더 죄책감에 빠진다. 하지만 생전에 사이가 좋았다거나 긍정적인 경험이 많다면 죄책감의 강도는 낮아진다. 따라서 살아 있을 때의 관계와 감정이 죽음 이후의 관계나 감정과 밀접한 관계가 있다. 고인에 대한 죄책감은 사건에 원인이 있는 것으로 볼 수 있으나 만나서 풀 수 있는 상대의 부재로 인한 상실감이 클 것이다.

죄책감은 화해를 위한 과정이다. 살아 있는 사람과의 화해도 중요하지만, 죽은 사람과의 화해도 대단히 중요하다. 따라서 사별자들의 죄책감을 고인과의 화해에 대한 소망으로 이해하고 배려해야 할 것이다.

애도는 사랑하는 사람과의 관계에서 만들어진 습관을 없애려는 과정이기 때문에, 명백히 그 관계의 산물이고 행동방식이기도 한 죄책감 또한 아무리 그 일이 고통스럽고 존재의 근본을 뒤흔든다 하더라도 해소되고 해결돼야 한다.

사별 경험자들은 일찍 병원에 모시고 가지 못한 것과 직접 만나서 위로하지 못한 것에 대한 죄책감이 남아 있다. 코로나 상황이라 면회가 제한되어 어쩔 수 없는 상황임에도 죄책감을 느끼고 있는 것이다. 생전에 다투고 사과하지 못한 채 사별을 했다는 것을 매우 큰 죄책감으로 가지고 있는 경우도 있었다.

"아프신데 병원에 일찍 모시고 가지 못한 것에 대해서 죄송했죠. 그 부분이 되게 힘들었죠. 병원을 원래 가자고 하셨는데 제가 나중에 가자고 했거든요. 심장 검사를 해서 이상이 있으면 조치를 취했다면." _**도연**

"돌아가실 때 어차피 병원에서 밀폐 병동이라 면회도 안 돼요. 가족들도. 그런데 어차피 재난 상황이라 직접 찾아뵙지 못한 죄책감이 있잖아요. 직접 만나서 위로하고 그래야 하는데. 상황 자체가 어쩔 수 없었지만 그래도 또 제가 하지 못했다는 죄책감도 있어요."

_재우

"호흡이 가쁜 그 순간에 입을 벌리게 돼서, 숨이 가쁘니까. 제가 간호
사실로 뛰어갔어요. 거즈를 달라고 했죠. 산소호흡기 끼고 있지만 마지
막에 숨을 거두기 직전에 호흡이 힘들잖아요. 그런데 제가요, 제가 아니
었죠. 그 무의식의 작동으로 여기 공기 한 방울 안 들어가도록 거즈로
다 막았어요. 죄를 지었죠. 의도적인 거는 아니지만 숨을 쉬기 어려운 어
머니 입에 거즈로 제가 막았어요. 제가 죽인 것 같아요."

_명숙

"굉장히 아쉬움도 크고 가슴 아프죠, 계속. 코로나가 아니었으면 수시
로 들락거리면서 어머니 상태가 그런저런 상태면은 더 지켜보고 그랬을
텐데. 간병인 계실 때는 또 '있으면 안 된다' 그러고. 하여튼 너무 힘들었
어요. 코로나 상황 때문에 겪는 것들이."

_이랑

"요양병원에서 외래 진료를 나가면 꼭 보호자가 동승을 해야 되거든
요. 아빠하고 얘기하는 게 좀 어색하고 그래서 휴대폰에 있는 아이들 동
영상을 보여드렸어요. 아빠가 굉장히 활짝 웃으시더라고요. 그래서 아
빠가 병원에 계시는 동안 저희 아이들을 직접 보여드리지 못한 거. 그게
제일 지금은. 계속 그게 마음 아프게 남아 있어요. 코로나 때문에 어쩔
수 없었지만요."

_명숙

116

3) 오히려 타인을 신경쓰다

사별 경험자들은 본인들이 애도를 통해 지지받고 위로받아야 함에도 불구하고 코로나로 인해 민폐를 끼칠 것 같은 피해의식과 불안감, 스트레스가 올라와 다른 사람들에게 짐이 되거나 피해를 주지 않을까 걱정했다. 상대적으로 문상객들도 혹시 모를 코로나 전염에 대한 염려가 있어 문상을 가는 것에 불안을 느끼고 조의금만 보내는 경우도 많이 발생했다.

사례자 중에 돌아가신 어머니와 매우 친했던 친구만은 꼭 만나게 해드리고 싶어 연락을 취했으나 오지 않은 경우가 있었는데, 매우 서운했다고 하며 어머니도 매우 섭섭했을 거라고 했다. 또 다른 사례자 중에는 가족이 코로나에 걸린 줄 모르고 있다가 문상객들이 코로나에 걸린 경우가 있었는데, 그런 경우 부주의함에 대한 원망을 감수해야 했다. 이럴 때 충분히 지지받고 위로받아야 할 유가족이 죄인이 된 듯한 심정으로, 애도에 신경쓸 겨를이 없다.

이처럼 코로나는 어려울 때 함께 했던 우리의 전통적인 장례의식과 애도 방식에 심각한 영향을 주고 있다. 장례의식에 치우쳐 애도가 소홀히 된다는 의견이 그동안 많았는데, 팬데믹 속에서는 장례의식을 제대로 하지 못해 애도가 소홀히 이루어지고 있는 것이다.

"일단 뭐 사람이 많이 모일 수 없으니까 조문객을 맞이하는 것이 조심스럽죠. 다행히도 거기가 지금 같으면 조문을 못했을 텐데. 그때는 과도기라서 좀 허용되던 때라. 그래도 제일 걱정됐던 것이 음식 먹고 갔던 분들이 조금이라도 감염 여부가. 다행히도 거기가 상당히 넓고 환기가 되는 곳이라. 그 부분이 제일 신경 쓰였죠. 감염 위험 때문에." _주은

"사실 처음에 걱정이 된 건 사람들을 불러야 하나 그런 것도 있었는데. 그때는 다행히 좀 잠잠해질 때라서 부르긴 했어요." _이랑

"코로나 이후에는 아예 장례식을 안 가고 싶어요. 또 요새는 가면 좀 민폐인 거 같다 싶고. 그래서 장례식장 안 가는 것이 도와주는 거라는 생각이 들어요. 그래서 장례 이후 조의금만 보내고 여러 가지 사정으로 못 간다고 해요." _재우

"우리 딸은 직장인인데 할아버지 돌아가셨다고 바로 왔어요. 그 전날부터 내려올 때도 딸이 열이 났어요. 우리 손녀도 열이 났고요. 그게 코로나인 줄 몰랐어요. 장례식에 참석한 사람들이 왔다가 많이 확진이 돼서 또 미안함도 들고 그랬죠. 애도에 신경 쓸 겨를이 없었죠. 그 자체만으로도 일단 엄청난 스트레스였죠. 미안하고." _옥순

"코로나 때문에 병원 측에서 막거나 정부 지침에 따라야 하는 거니까 그런 부분이 제일 스트레스였던 것 같고. 그런 기사가 나오더라고요. 코로나 환자에 밀려서 오히려 치료를 받아야 되는 사람들이 병실을 못 찾는다고요. 이게 남의 일 같지가 않은 거예요. 저희 엄마는 이미 진행되고 있는 병이 있는 상황인데 다른 코로나 환자들 때문에 그렇게 되면 어떡하지? 이런 걱정들이 있었어요. 혹시라도 제때 뭔가 치료가 안 될까 봐." _다예

3. 사별의 슬픔을 견뎌내는 과정

사별의 슬픔을 견뎌내는 과정은 애도작업에서 매우 중요하다. 이 과정을 통해 충격적 사별 사건이 사건화되기 시작한다. 이러한 일이 왜 일어났는지 원인을 파악하고 이해하려는 질문을 스스로에게 던지고 답을 찾는 과정이 일어나면서 자신이 갖고 있는 심리 도식에 맞춰 충격적 사건이 이해가 되면, 동화와 조절이라는 인지적 기제를 통해 사별의 슬픔을 견뎌내고 새로운 과업으로 이행하게 된다.

1) 사별 경험의 사건화

애도작업은 외부의 충격적 사별 경험을 사건화를 통해 풀어내는 과정이다. 사건화를 통해 외부의 사건을 내부화하고, 내부화를 통해 이를 조절할 수 있는 힘을 갖게 된다. 사실 고인과의 기억을 추억화함으로써 감정의 정화가 이뤄지고 둘의 관계를 재정립하게 된다.

> "죽음이 반드시 끔찍한 재앙인 것만은 아닙니다. 사별 경험이 있었기에 고인과의 만남과 이별의 의미를 알 수 있었고, 내 맘속에 살아 있는 감정을 다시 한 번 확인하며 고통 속에서 새로운 성장을 발견하기도 합니다."
> _도연

인터뷰를 하면서 들었던 말 중에서 임팩트 있는 고백이었다. 사실 사별 과정에 대한 사건화를 통해 의미 있는 무언가를 경험했고 성장하는 삶을 살고 있다고 하는 사람들도 있는 반면, 고인이 남긴 유무형의 똥을 치우느라 힘들고 고통스러운 트라우마만 남아 있다고 하는 사람들도 있었다.

'dreamisnowhere'를 읽어보자. 어떻게 읽느냐에 따라 '꿈은 어디에도 없다(dream is no where)'로 해석될 수도 있고, '꿈은 지금 여기에 있다(dream is now here)'로 해석될 수도 있다. 죽음과 슬픔을 어떻게 경험하느냐에 따라 사별 경험은 달라진다. 의미 찾기를 통한 성장이 될 수도 있고, 분노와 슬픔으로 가득찬 트라우마가 되기도 한다. 즉 보이는 현상에 대한 해석에 따라 고통은 절망이 되기도 하고, 성장의 단초가 되기도 하는 것이다.

사별이라는 경험을 한 후 슬픔에만 잠겨 있으면 상실 후 희망을 찾지 못한다. '진흙이 없으면 연꽃도 없다'라는 말처럼 극심한 고통과 최악의 순간이 오히려 성장과 의미를 불러오는 중요한 카이로스(Kairos)가 될 수도 있다.

모든 생명체는 탄생을 통해 시작되고 죽음을 통해 마무리된다. 죽음은 단 한 명도 예외 없이 직면해야 하는 필연적 상황이다. 하지만 죽음 이후는 미지의 상황이다. 그렇기에 죽음은 불가피성과 불확실성을 동시에 가진 문제적 상황이자 남겨진 자들의 과제가 된다. 이 과정에서 각자 '죽음이란 무엇인가? 죽음은 무엇을 의미하는가? 죽음의 결과는 어떠한가?'를 질문하며 답을 구하고자 노력해야 할 것이다. 자기의 세계관과 생사관에 기초하여 죽음에 대한 의미를 추론하는 과정을 거치는 것이다.

이렇게 죽음에 대한 이해가 이루어지면 고인의 죽음에 대한 긍정성과 부정성을 평가하는 '의미평가'가 뒤따르는데, 이것은 개인적인 기대와 비교하는 과정을 통해 이루어진다. 기대(expectation)는 자기 존재와 삶에 대한 모든 신념과 가치가 반영된 것으로 미래에 대한 소망을 의미한다. 개인의 기대와 죽음의 의미 사이에 괴리가 클수록 부정적 정서가 강하게 유발된다. 그러나 다양한 상실과 사별에 대한 경험에 비탄 반응만 있는 것은 아니다. 기존의 의미 구조를 변형하고 재구성하는 적극적인 과정이 될 때도 있다. 의미 찾기를 통해 긍정적 변화가 일어나면 오히려 이전보다 훨씬 더 성장하게 되는 것이다.

빅터 프랭클(Vikto Frankl)은 인간은 죽음이라는 극한의 공포 앞에서도 의미를 찾는 존재라고 했다. 우리에게는 태어나면서부터 의미가 주어져 있으며, 삶의 의미와 인생의 목적은 초주관적인 것이다. 의미는 만들어지는 것이 아니라 발견해야 할 대상이다. 또한 삶에서 추구하는 목적이나 의도일 뿐 아니라 개인이 삶에서 중요하다고 판단하는 실제이자 한 개인을 넘어서 타인, 환경, 초월적인 존재와의 '연결'을 본질로 하는 것이다.

그렇다면 왜 인간은 삶의 위기에서 의미를 추구하는가? 사별 경험이 비탄스럽고 되돌릴 수 없으며 대체할 수 없는 것이기 때문이다. 우리는 최악의 상황에서도 그 문제에 적응하고 회복하기 위해 의미를 추구하고 의미를 발견하며, 의미를 부여하고 의미를 실행하며 그 과정에서 사별 경험의 고통에서 벗어나게 된다.

모든 고통엔 의미가 있다. 고통 때문에 절망하는 것이 아니라 그 사건에서 의미를 발견하지 못하거나 노력을 포기했기에 고통스럽다. 케

슬러(D. Kessler)는 사별 경험 후 겪게 되는 부정, 분노, 타협, 우울, 수용의 단계에서 그 마지막은 의미 단계가 있음을 주장했다. 현재 상실로 인해 힘든 경험을 하고 있다면, 삶과 죽음 사이에서 '의미 찾기'가 좋은 애도작업으로 작동된다는 것이다.

"남동생 같은 경우는 애들을 부모님이 봐주셨거든요. 물론 저희 친정
엄마가 대부분을 보셨지만 아버지한테 감사하다고 하고. 또 아버지도
'너희들도 잘 커줘서 고맙다' 이러시고. 병원에서 병수발하는 그 과정에
서도 서로 고맙다는 말을 좀 나누었다고 남편이 얘기를 해주더라고요.
그러니까 아버지는 그래도 돌아가시는 과정들이 의미가 좀 있었어요."

_ 다예

사례자들도 점차 자신의 생활을 재구조화하면서 추스르게 되었다. 고통스러웠던 내면의 상처와 흔적들이 서서히 치유되면서 변화된 자신의 삶을 재구조화하려고 노력했고, 이 단계에서는 고인과의 추억을 떠올리면 슬프지만 함께했던 기쁨도 느낄 수 있고 점차적으로 덤덤해졌다고 한다.

이때 과거를 잊지 않고 새로운 세상에 자신을 맞추어나가며 고인과의 새로운 관계를 설정했고, 살아가는 방식을 새롭게 재조정했다. 따라서 사별자들은 고인과의 관계를 새로 만들고 새로운 정체성을 확립했으며, 사회에서의 새로운 역할을 만드는 것이 중요함을 확인했다. 그리고 상실에 대처해서 정신적 반응을 표현의 한 형태로 느끼고 확인하고 수용했다.

물론 사별자들은 고인의 죽음에 대해 의문을 제기했다. 죽음의 방법과 고통, 죄의식 등에 의문을 제기하고 종교를 통해서 답을 얻고자 하는 경우도 있었다. 남은 자들을 위해 힘들다는 말도 하지 않은 고인에 대한 죄책감과 어머니가 겪었을 고통을 스스로 체험하기도 하는 등 사건을 재조직하려는 태도를 보였다. 그리고 죽음 준비에 대한 언급도 있었는데, 가족마다 문화는 다르지만 살아 있을 때 맺은 관계의 중요성이 애도의 질에 영향을 미친다고 했다. 또한 죽음을 맞는 과정에서 서로 고맙다는 말을 나누기도 하고 돌아가신 후에 고인과의 경험을 이야기하며 즐겁게 추억하는 경우도 있었다.

"나 힘들까 봐 단 한 번도 눈물 안 보이셨고 단 한 번도 내가 왜 이러나 아무 말씀 안 했어요. 돌아가시는 날까지. 그래서 정말 평소에도 본인의 고통을 끌어안고 자식한테 하소연하고 그런 거 없는 우리 엄마인데. 돌아가시는 순간까지도 딸한테 한마디라도 그런 말 하지. 나는 왜 이러냐고. 한마디라도 하지(한숨). 돌아가실 거라는 걸 예감하고 계셨으리라고 봐요."
_ 다예

"어머니 줄 10개씩 매달고 누워 계시고 땡땡 부어가지고 고통스럽게 계시는 모습을 보니까 너무 가슴이 아파서, 저렇게 고통받으실 바에는 '얼른 하늘나라를 가시는 게 좋겠구나', 그런 생각이 들고 나서 얼마 안 있다가 가셔서 그런지. 물론 어머니 돌아가신 거에 대한 아쉬움, 그런 거는 이루 말할 수가 없는데. 그 고통의 시간을 너무 힘들게 계신 모습을 봐서 그런지, 아…… '고통 없는 하늘나라로 가셨겠구나' 하는 위안이 돼요."

_ 주은

"각 가정마다 그런 가족들의 관계에 따라서 느끼는 감정도 다르고 죽음을 준비하는 그런 마음 자세도 다르기 때문에 제가 감히 그런 거에 대해서 말씀드릴 수가 없는데. 그런 애도 문화보다 죽음 그 전, 살아 있을 때 그런 관계에서 느끼는 그런 감정들, 살아 있을 때 서로를 대하는 자세 같은 것, 그런 거는 좀 다들 잘 하고 계시겠지만 깊이 생각하고 그런 걸 소중히 여겨야 하지 않을까. 제가 사별을 경험하고 나니까 그런 것의 중요성 같은 걸 알게 되고 이해가 되거든요."

_ 영숙

"저희가 가족 카톡방이 있으니까, 어머니 생각이 날 때면 어머니하고 찍었던 사진도 올리고 그러면서. '우리 여기 갔을 때, 여기에 여행 갔을 때 엄마 너무 좋아했는데, 여기 여기, 엄마 웃고 계시는 거 봐라' 이러면서. 어머니랑 같이 여행 가서 찍은 사진을 올린다거나 이렇게 하면서 형제들이 서로 어머니 생각이 날 때마다 단체 카톡방에다 사진도 올리고. 뭐 같이 어머니하고 있었던 추억도 회상하면서 그러면서 같이 좀 이겨내고 그랬죠."

_ 희애

2) 다양한 감정 마주하기

사별 후에는 많은 감정들이 나타난다. 슬픔, 자책감, 죄책감, 분노, 불안, 우울감, 외로움, 그리움, 원망, 회한, 그 밖의 다양한 감정들을 느끼고 희망을 발견함으로써 적응할 기회를 가지게 된다. 그렇게 만나게 되는 감정들에 당황하거나 깊이 빠지기보다는 당연한 것으로 여겨 충분히 느끼고 주변의 지지와 위로를 통해 해결해가는 것이 필요하다.

애도작업은 다양한 감정을 다루는 작업이다. 애도작업에서 가장 효과적인 방법 중에 하나가 상실노트 쓰기다. 글쓰기 작업을 통해 지난 시간과 고인을 추억하고, 자신의 감정을 객관화하기도 한다. 필요하면 다양한 상징물에 감정을 투사하는 작업을 통해 애도의 과정에서 죄책감이나 수치심을 다룰 수 있다. 물론 개인의 성격과 자원, 환경에 따라 다양한 감정처리 작업이 있다. 다만 감정이 생생할 때 작업을 하는 것이 문제를 미루지 않고 미해결 과제로 남지 않게 하는 것이다.

실제 참여자들은 원망감과 분노를 표현하다가 어느 순간 새롭게 이해하는 쪽으로 전환되는 순간을 경험하기도 했다. 내면의 부정적 감정들을 표출함으로써 정화가 이루어진 후에 상황을 다양한 시각으로 바라볼 수 있는 인지적 자원(cognitive capacity)이 생긴 것으로 짐작해볼 수 있다. 이는 상실로 인한 고통스러운 감정 처리가 조망의 확대나 성찰 과정을 촉진하는 역할을 하여 사별 후 적응과 성장에 긍정적인 영향을 미칠 가능성을 시사하는 결과라고 할 수 있다. 글쓰기 과정에서 만나는 기억에 부정적인 것도 있지만, 함께했던 시간들이 밀도 있는 가족관계를 이루고 자기 성장의 기회가 되었다는 것을 이해하게 될 수도 있다.

실제 사례에서는 신과 의료진을 원망하기도 하고, 부모님에게 잘하지 못한 것과 임종 전에 최선을 다하지 못한 것에 대한 후회와 죄책감, 자신의 결정이 문제가 되어 돌아가시게 한 것 같다는 자책감을 표현한 경우가 많았다. 그리고 그런 사태를 맞게 된 것에 분노하기도 했다. 고통스러워하던 고인에게 아무것도 해줄 수 없었던 것을 생각하며 무력감을 표현하기도 했다.

그래도 남은 자식들을 위해 좋은 계절에 떠나셨다는 안도와 감사를 표현하기도 했으며, 가족과 고인과의 추억을 나누며 그리워하는 시간을 가지기도 했다. 이는 고인과 유가족의 관계에 따라 느끼는 감정도 다르고, 감정 처리 방식도 다르다는 것을 알 수 있다. 힘든 감정을 수습하고 긍정적인 감정으로의 전환이 일어나는 경우는 대부분 생전에 관계가 좋았고, 나눈 추억이 많았으며, 최선을 다한 경우가 대부분이었다.

그리고 주변에 지지 자원이 있어서 지지와 위로를 받는 것이 중요하다. 이때 가족간의 관계가 좋을 경우에 서로의 감정을 나누고 고인의 삶과 가족의 유대가 좋아 감사와 그리움의 감정으로 나타날 수 있는 좋은 지지 자원이 될 수 있다. 따라서 살아 있을 때의 삶의 방식과 감정은 죽어가는 시간에도 적용되어 유가족에게도 상처를 덜 남기는 것을 알 수 있다.

"처음엔 부처님을 원망했죠. 내가 크게 잘못한 게 없는데 어떻게, 도대체 왜 이런 일을 저한테 주실 수 있느냐고 원망했어요. 납득이 안 가고 이해할 수도 없고, 수용도 안 됐어요. 그래서 매일 기도를 다니면서 어린 애가 생떼 쓰듯이 계속 불평불만만 했던 것 같아요.

그러다 어느 순간 마음에 울림이 있었어요. 그래도 나는 살아 있지 않냐, 주변의 사람들이 보이면서 가족들이 눈에 들어왔어요. 그 생각이 들면서 감사하게 됐고 나를 깊이 만나는 순간을 경험했어요." _ 이랑

"항상 일만 한 어머니가 불쌍했어요. '아무 잘못 없고 착하게 살아온 분인데' 하면서 매일 원망했어요. 사람도 싫고 목사님도 싫고 교회에 나가는 것도 싫었어요. 그러다 어느 순간 하나님이 받아주셨을 거라 생각하게 됐어요. 그나마 덜 아프고 돌아가셔서 다행이다 생각하고. 내가 모셔서 그나마 어리광도 부리실 수 있었던 게 감사했어요." _ 희애

"아버지 돌아가시기 3일 전이었거든요. 어머니가 아버지를 보고 싶어 하셔서 제가 의사 선생님께 만나게 해드려도 되는지 물었어요. 아버지도 지금 상태가 안 좋은데 어머니가 그 충격으로 두 분 같이 돌아가실까 봐요. 의사선생님이 '두 분이 함께 돌아가시면 어떡할래?' 하시는 거예요. 그 말에 제가 무너졌어요. 그래도 두 분이 2층, 3층에 계셨는데 아버지 오시게 해서 두 분 손잡고 서로 간에 행복한 이야기해주고. 그걸 제가 해드렸어요. 마지막 이별이잖아요." _ 다예

"감정이 너무 격해질 때는 회피를 할 때도 있지만. 회피하고 싶은 생각이 안 들더라고요. 보고 싶으면 보고 싶은 감정 그대로 나타나야, 그래야 아빠한테 그게 애도하는 게 맞다고 생각이 들어서. 아직까지도 많이 힘들어요. 아빠 이야기를 나누고 내 감정을 표현하고 그럼으로써 도움을 받는데 극복해가고 있는 중이니 감정을 숨기지 못하겠더라고요. 사람마다 다를 수 있지만 감정을 숨기니까 저는 더 힘들어서 뭔가 그 감정

을 저 혼자만이 짊어져야 되고 막 그래야 되는 것 같아서 그게 더 무섭
더라고요."   _ 지연

"코로나가 장기화되면서 애도자의 입장에서 오빠를 보내고 난 그 외
로움, 그리움이에요. 지금 애도자로서 겪는 어려움, 여전히 못 만난다는
볼 수 없는 그 그리움은요, 이루 말할 수가 없어요. 세상이 끝난 것 같아
요. 살아가는 세상 속에서 '내가 왜 살아야 되나'라는 그런 깊은 상실감
이……. 그런데 저는 크리스찬이기 때문에 다시 만난다는 그 보장 때문
에 살지, 그 보장이 없으면 저는 미쳐버리는 거지요. 사실은 벌써 미쳤을
거예요."   _ 도연

3) 현실에 집중하기

  애도작업은 단순히 감정을 처리하는 작업이 아니다. 현실에 대한
적응을 통해 하루하루를 잘 견디는 것도 애도작업이다. 상실로 인
해 슬프고 힘든 시간을 보내다가 이러한 고통에 함몰되기보다는 매
일 매일의 일상 속에서 일하면서, 사람들과의 관계를 통해 일과 주변
에 남은 소중한 사람들을 인식하게 된다. 그리고 이들을 돌보는 데 에
너지를 전환하면서 애도작업이 진행되기도 했다.
  시간이 약이라고 하지만, 마냥 시간이 흐른다고 상실의 슬픔이 해
결되는 것은 아니다. 오히려 시간이 지날수록 더 큰 무게와 압박으로
다가와 삶을 송두리째 바꿔놓기도 한다. 슬픔에 압도된 사람은 자신

의 감정을 타인은 절대 이해할 수 없다고 생각한다. 그래서 사랑하는 사람을 잃은 슬픔은 '내밀한 고독감'에 비유되기도 한다.

프로이드의 표현대로 '애도작업'은 기나긴 여정이며, 상실과 사별 경험 후에 오는 감정은 훨씬 더 복잡한 경험이다. 심리학자 카스텐바움(Robert Kastenbaum)은 감정의 복잡성을 감정의 다양성으로 설명했으며 '밀려오는 파도'라고 했다. 한동안 충격에 빠져 무감각한 상태가 올 수도 있고 강한 슬픔을 느끼기도 한다. 분노, 혼란, 상실감, 피로감, 우유부단, 끔찍함, 혐오감, 시기 질투, 싫증, 행복감, 다행감 등 다양한 감정들이 파도처럼 밀려오기도 한다.

이런 극심한 슬픔의 상황을 우리는 어떻게 견뎌내야 하는 것일까. 어느 철학자는 생명(生命)이란 '살라는 명령'이라고 설명했다. 아무리 극심한 고통을 경험한다 해도 인간은 존재하며 버텨내고 감내한다. 인간은 생명이 시작되면 삶을 살다가 죽음을 통해 마무리한다. 생명, 삶, 죽음은 단절된 것이 아니다. 한 순간을 넘어서면 또 다른 장으로 넘어가는 연속성을 지닌다. 파도가 휘몰아쳐도 파도로 인해 바다가 잘려나가는 일은 없다. 사랑하는 사람을 잃은 고통은 무엇에 비교할 수 없을 만큼 커다란 아픔이지만, 삶은 여전히 지속된다. 삶이라는 드넓은 바다에 때로는 만남으로 인한 기쁨의 파도가, 때로는 이별로 인한 상실의 파도가 오고가는 것이다. 이것이 삶의 속성이라는 것이다.

이 과정에서 지나치게 고인과 사별 경험에만 초점을 두는 것이 아니라 사별 경험으로 인한 변화에 초점을 두며, 사별로 인해 사별 이전과는 달라진 삶의 다양한 부분에 적응하려고 대처하는 것도 애도과업이라 할 수 있다. 현실에 집중하기를 통해 가족 내에서 고인이 수행하던 역할을 애도자가 스스로 시도하고, 사별 이후 변화된 자기 개념을 받아들여 새로운 정체성이 요구되는 과제들에 임하기도 한다. 사별의 아픔과 앞으로 일어날 수 있는 상실에도 불구하고 새로운 애착관계 또는 다양한 사회적 관계에 참여하는 등의 애도작업을 수행함으로써 점점 더 애도과업을 완수하는 과정으로 진행한다.

스트로베와 슈트(Streobe & Schut, 1999)는 애도과업에서 고인에 대해 슬퍼하기와 현실에 집중하기가 결코 반대되는 개념이 아니며, 이 두 과정을 반복적으로 경험할수록 건강하게 상실수업을 마친다고 했다. 물론 우리는 슬퍼하기와 현실에 집중하기를 동시에 경험할 수는 없다. 다만 슬퍼하기와 현실에 집중하기를 순환적으로 지속하는 주기적 되풀이(oscillation)를 통해 극도의 슬픔을 보다 덜 강렬하게, 덜 빈번하게 경험하면서 적응적인 일상으로 회복할 수 있다고 한다.

실제 사별자들은 상실 전만큼은 아니지만 어느 정도 자신의 생활을 되찾을 수 있도록 현실에 집중하는 것이 필요하다고 했다. 슬픈 기억들은 남아 있더라도 새로운 삶도 괜찮다고 느끼며 점차적으로 삶에 적응해나갔다고 한다. 애도의 과정을 거치면서 희망을 발견하기도 하고 실생활에 적응해나간다는 것은 상실 이전으로 되돌아가는 것이 아니라 상실이라는 고통스러운 경험을 통해 얻어낸 새로운 정체성으로 더욱 성숙한 인격으로 성장해가는 것이다.

사별자들은 바쁜 일상으로 인해 정신없이 사는 것이 현실에 집중하면서 사별에 대한 고통을 잊는 애도의 한 방법이라고 했다. 불면으로 힘든 사람은 수면유도제를 처방받기도 했고, 상담센터를 이용하는 것을 권유하기도 했다. 그리고 시간의 흐름과 현실에 만족하는 것이 중요하다는 의견도 있었다.

어머니가 생전에 가꾸던 텃밭과 꽃밭을 가꾸며 추억을 새기고, 즐거웠던 일들을 나누며 치유를 받는 경우도 있어서 현실에서의 만족과 행복한 추억이 애도작업에 긍정적인 영향을 미치는 것을 알 수 있었다.

"그냥 바쁘게 사는 것밖에 없었던 것 같고 또 한편으로는 다행히 바쁜 일들이 자꾸 생기고 고3 아들도 있고 딸내미도 또 학교 문제 때문에 정신이 없게. 또 큰딸도 유학을 보내는 과정에서 일들이 너무 많았고. 그냥 그 정도가 저한테 가장 큰 다행이었던 것 같아요." _ 지연

"주말마다 어머니가 사시던 집에 가서 계속 야채도 심고 꽃도 심고 그래 가면서. 어머니가 이 꽃은 심었었고, 저 꽃은 그랬고. 그때는 어떤 거를 심어서 어머니랑 같이 해먹었고. 그렇게 추억 얘기를 해가면서 또 이렇게 식물이 자라는 거 보면서 마음의 치유를 많이 받더라고요."_ 이랑

"가족들끼리 돌아가신 분에 대한 좋은 얘기를 자꾸 하면 좋은 것 같아요. 가족들끼리 그분과의 추억 이런 걸 얘기하면서 그때 재미있었던 추억, 어디 가서 뭐 했는데 이랬다 저랬다 하면서 가족들끼리 막 웃고 떠들고. 이렇게 나쁜 얘기 말고 좋은 얘기, 이런 얘기를 하면 그 기억이 더 오래 가고 그런 쪽으로 마무리돼 가는 것 같아서 좋은 것 같아요."

_ 영숙

"일을 하고 있다는 것도 되게 고마운 일이었던 것 같아요. 왜냐하면 되게 마음은 슬픈데 힘든데 그래도 나가야 되잖아요. 나가서 뭔가 이렇게 일을 하다 보면 아주 잠시 잠깐이지만 잊게 돼요. 일단은 내가 주어진 일을 해야 되니까. 그리고 그 일이 끝나고 다시 차에 돌아왔을 때 힘들지언정. 근데 그건 저를 위해서 조금씩 이렇게 수업하게 해주신 게 아닌가 이런 생각도 들어요."

_재우

"사실은 어떻게 보면 나보다 더 힘들고 어려운 상황에 놓여 있는 사람들을 많이 생각했죠. 지금 아파서 힘들어하는 사람들, 또 경제적으로 힘든 사람들, 가족을 잃은 사람들. 나보다 더 힘든 사람들. 그러니까 동병상련도 되지만 그런 사람들을 보면서 그냥 감사하자 또 긍정적으로 생각하자 그러면서 이겨나가는 거죠."

_도연

4. 사별 이후 변화와 성장

참여자들은 사별 경험 이후 자신에게서 일어난 변화를 긍정적으로 바라봄으로써 사별 후 적응과 성장이라는 새로운 경험을 말하기도 했다.

1) 경험의 재인식

참여자들은 고통스러운 사별 경험을 재인식하면서 이전의 상실과 잃어버린 것에 대한 관심에서 현재 존재하고 있는 것에 대한 마음을 경험했다. 선행 연구들에서 경험의 재인식은 사별 경험에서 변화와 성장을 위한 가장 핵심적인 인지적 처리방략 중 하나라는 데 일관된 결론을 내리고 있다.

사실 사별 경험을 다시 떠올리는 것은 누구나에게 힘든 일이지만 당연하게만 여기던 일상의 고리를 끊고 전과 다른 방식으로 재경험하면서 자신의 기대와 욕망에서 벗어나게 된다. 실제 고인과 자신의 역할을 동일시하면서 가족 관계 내부의 역할을 스스로 재설정하고 수행하려는 경향이 나타나면서, 자기 존재의 정체성을 긍정적으로 인지하고 성찰하여 자기 삶을 주도적으로 감당하고자 하는 마음을 먹을 수 있다. 삶의 의미는 삶을 바라보는 태도에 따라 다양하게 자리매김할 수 있을 것이다. 사별로 인한 고통에 얽매이기보다는 현재의 삶을 고려한다면 삶의 만족을 누리는 일이 그리 어렵지만은 않을 것이다.

사별 경험 후 참여자는 삶에 집착했던 자신을 성찰하여 현재 눈앞에 보이는 오늘에 목표를 두고, 노력하는 방향으로 인식의 변화를 추구하고자 할 수 있다. 매순간 예측할 수 없는 삶의 다양한 상황 속에서 원하는 바를 다 이루고 살아갈 수는 없는 노릇이다. 하지만 사별을 경험하면서 평범하지만 소중한 일상에 대한 감사의 마음을 더욱 가지게 될 것이다. 평소 고인의 살아가던 모습을 추억하며 자신도 살아가고자 하게 된다. 이는 경험의 재인식을 통해 가슴 아픈 진혼의 과정을 새로운 미래와 자신의 새로운 정체성을 구축하는 한 계기로 작동하는 것이다.

"고난이 신앙의 단초라는 말을 들어왔어요. 지금까지 별 고생 없이 유복하게 자랐고 결혼 생활도 평탄하게 해왔어요. 진정한 행복이란 나만 괜찮으면 되는 것이 아니라는 것을 깨달았어요. 상대의 마음속을 헤아릴 수 있는 배려와 세상을 더 넓게 크게 볼 줄 아는 안목이 있어야 한다는 것을 깨닫게 돼서 감사해요." _ 도연

"내 상황이 바뀌어서 그런 게 아니고 내가 삶을 바라보는 태도가 바뀌었기 때문에 엄마 돌아가신 이후로 좀 더 내 삶에 더 만족을 하는 그런 삶으로 마음이 바뀌었다고. 그렇게 말씀드릴 수 있죠." _ 영숙

"그렇죠. 이제 '삶이 별것 아니다'라는 생각에, 삶에 집착하는 것이 없어졌다고 해야 하나요? 인간은 '내일이 어떻게 될지 모른다'라는 그런 생각을 해서, 그냥 오늘 행복하게 살려는 노력으로 바뀐 것 같아요." _ 지연

2) 관계의 변화

코로나19의 공포 중에 하나가 '전염'이라는 말이다. 전염이란 그야말로 사람과의 관계에서 발생하는 것이기에 가뜩이나 타인에게 짐이 되는 것을 부끄러워하는 우리 문화에선 더욱더 금기시되는 것이다.

이런 측면에서 어느 외국인 기자가 말하듯이 한국의 마스크 문화는 방역보다 타인에게 자신이 감염인자가 안 되려는 필사의 노력이라는 말에 일면 수긍이 간다. 특히 '전염'이라는 병리적 특성이 타인과의 경계를 세우고 혐오가 발생한다는 점에서 코로나19는 관계의 위기로 다가오며, 사람들 사이에 의심과 혐오를 확산하는 매개가 된다.

하지만 사별 경험 후 애도 과정에서 자신을 도와준 사람들을 생각하면서 관계의 변화를 가장 많이 이야기했다. 친밀한 관계 형성을 위해 노력하거나, 가족의 소중함을 깨달았거나, 타인에 대해 더 깊이 이해하고 수용함으로써 이타적 태도를 갖게 됨을 이야기했다.

고인의 입장에서 인간관계에서 어떤 면에 가치를 둘지 돌아보는 것부터가 관계의 변화를 새롭게 인식하여 남은 가족과 원만하게 지내는 시작 지점이 되는 것이다. 삶의 가치 지향이 나에게서 타인에게로 옮아가게 된다고 볼 수 있다. 나 중심적 입장에서 타인의 시선이 선호하는 가치를 살피게 되는 것이다. 긍정적 정서가 자연스럽게 흘러갈 것이며, 삶에서 추구하는 핵심가치가 변하게 된다고 말할 수 있다.

자기 이익 추구에 급급한 삶을 살았다면 조금이라도 베푸는 삶의 태도를 추구하고자 노력할 것이다. 이러한 인식의 변화가 행동의 변화로 바로 이어지기는 어렵지만, 점차 성찰의 기회를 늘려간다면 타인에 대한 이해가 깊어지고 넓어질 것이다. 우선 가족, 친지, 친구 등 주변을 수용적 태도로 바라보고 받아들일 수 있다.

이처럼 사별 경험이 타인과의 관계와 사람에 대한 태도를 바꾸어 놓기도 한다. 죽음의 현저성이 자각될 때 진정으로 자신에게 중요한 것이 무엇인지, 현재 나의 이웃이 누구이며 누구랑 살아가야 할지 깨닫게 된다는 것이다. 자신의 죽음을 연상할 수 있게 되는 순간 가족의 소중함을 새삼 깨닫게 되며, 가족의 존재 자체에서 위로와 고마움을 가질 수 있다. 이처럼 사별의 경험이 슬픔과 좌절과 고립의 차원으로 해석되기보다 긍정적 적응과 관계 회복을 통한 성장의 개념으로 이해될 수 있을 것이다.

"사람 인생이 어떻게 될지 모르니까 가족들, 친구들을 더 자주 봐야겠다는 생각을 하게 됐어요. 집안 분위기도 서로 데면데면하고 따뜻하게 굴지 않았는데, 엄마한테 더 따뜻하게 대하고. 전에는 엄마를 무시하는 경향도 있었는데 생각이 다를 뿐이라고 존중하는 마음을 갖게 되니까 더 잘 들어주고, 애정 표현도 하고 스킨십도 하게 돼요. 아빠한테 못한 것도 아쉽고 해서 엄마한테라도 더 표현하고 있어요." _ 지연

"후원하는 데도 많아졌어요. 유니세프……. 그 전까지는 내 가족만 챙기고 잘 살면 된다고 생각했어요. 그 일 이후로는 마음 깊이 진심으로 돕고자 하는 마음이 생겼어요." _ 재우

"제가 엄마라면 아버지를 어떻게 대해야 될까 하는 생각이 많이 들었어요. 엄마를 진짜 보내고 우리 엄마가 살아 계셨다면 나한테 어떤 부탁을 하고 싶었을까? 이런 거 있잖아요. 나는 아버지하고 잘 지내야 되겠더라고요." _ 주은

"아빠의 죽음으로 인해서 내 주변에 같이 살아 있는 가족들에 대한 시선이 달라지고. 가족에 대한 마음은 달라졌는데 실제로 그게 마음만큼 행동으로는 적용이 잘 안 돼요(웃음). 그래도 제 옆에 있는 남편이나 그리고 아이들 대하는 마음가짐은 다시 생각하게 됐어요. 엄마를 보는 마음 그런 게 달라졌다고 생각해요. 제 마음이 넓어져 지금은 저럴 수도 있지, 왜 그랬을까 그렇게. 좀 넓어졌다고 하기는 좀 그렇지만." _ **명숙**

"예전에는 죽음 이런 게 되게 멀게 느껴졌어요. 근데 이젠 '그냥 언제든 찾아올 수 있구나' 생각해요. 물론 엄마 같은 경우는 생각을 하고 있었음에도 불구하고 이렇게 왔을 때 너무 힘드니까 그래서 그전부터도 사실 가족이 소중하다는 거는 알고 있었는데, 이런 걸 경험하면서 진짜 가족밖에 없었어요. 그래서 그 얼굴 보는 것만으로도 너무 위로가 되고, 그런 가족의 고마움도 더 생각하게 되는 것도 있고요. 진짜 중요한 건 가족과 함께하는 시간이지 않을까 이런 생각들을 하게 됐던 것 같아요."

_ **주은**

5. 코로나19로 달라진 애도문화

참여자들은 코로나19로 인해 애도문화가 바뀌고 있음을 체험하고 있었고, 이로 인한 긍정적인 면과 부정적인 면을 말했다. 사실 애도문화도 근본으로 들어가면 현재의 사회경제적 환경 문제를 비껴갈 수 없다. 3년여에 걸친 코로나19는 이전의 애도문화를 다르게 변화시킬 것을 이야기했다.

우리 말에 '남의 집 경사에는 초청받아야 가는 법이고 남의 집 애사에는 초청하지 않아도 가야 하는 법'이라는 말이 있다. 사실 굳이 기쁜 일은 함께 나누지 않아도 되고, 경사를 맞은 사람의 입장에서 보면 초청하지 않은 사람 중에 평소 불편한 관계에 있던 사람이 참석할 때는 오히려 분위기를 망칠 수도 있다. 하지만 애사가 생겼을 때는 상황이 다르다. 애사를 당한 사람은 경황이 없어 초청하기도 어렵거니와 그 집안과 사이가 좋았건 나빴건 연락이 닿는 대로 모두 자리를 함께한다.

고인뿐만 아니라 유족들도 사회생활이나 일상생활 속에서 만나는 사람들과 이런저런 이유로 오해를 빚게 되어 서로 척을 지거나 서먹하게 지내는 관계에 놓일 수 있다. 빈소에서 고인의 죽음을 추모하고 함께 슬퍼하며 서로 위로하고 위로받는 과정에서 묵은 감정을 풀고 화해할 수 있는 기회의 장으로 우리의 장례문화가 활용되어 왔다고 볼 수 있다.

코로나19 감염에 대한 두려움과 사회적 거리두기의 영향으로 상가의 조문객들이 감소하고, 대신 서로 마음을 전하는 도구로 스마트폰을 이용한 위로 문자를 보내고 계좌이체를 통해 조의금을 전하는 등 기존의 장례문화가 빠르게 변하고 있다. 기존 장례문화에서 경제적 상호부조 차원에서 행해졌던 조의금 문화만 남고 애도할 시간과 공간을 차단당함으로써 우리 사회의 갈등을 풀어내는 데 도움을 줄 수 있는 화해의 시간과 공간이 사라지고 있다.

1) 언택트 문화

사람은 한자로 인간(人間)이라 한다. 또 시간(時間), 공간(空間)이라는 한자를 보면 공통으로 들어가는 말이 간(間) 자다. 우리말로 풀면 '사이'라고 할 수 있다. 인간은 관계를 통해 자신을 유지하는 존재다. 한 개체로 존재하는 것이 아닌, 낱생명이 보생명을 통해 온생명[21]으로 존재하는 것이다. 이처럼 인간은 태어나는 순간부터 죽는 과정까지 생식활동을 위해 자신이 아닌 타자의 것을 섭취하고 배설함으로써, 생명활동을 유지하는 지금도 숨과 음식과 말을 통해 마음을 주고받는 연결된 존재다. 연결이 작동되지 않는 것은 무생물이거나 죽음이다. 또한 세상과의 연결을 통해 '의미있는 타인'으로부터 인정과 존중을 받으며 자신의 존엄성과 자아 존중감을 키워낸다.

그런데 코로나19로 인한 사회적 거리두기로 인해 일어난 변화 중에 하나가 언택트 문화이다. 언택트는 본질적으로 연결을 단절하고 거리를 두는 기제다. 사회적 거리두기의 여파로 애도문화 또한 많이 변화하고 있지만, 제한된 조건 속에서도 다시 '동화'와 '조절'이라는 적응기제를 통해 온라인 접촉을 하려는 내면의 강력한 보상을 보여주었다. 팬데믹 상황에서 감염병의 방지를 위해 행해지는 방역 대책에 협조하면서 가족의 부고를 알리고 상장례를 치러야 했던 유족들은 조문조차 힘들어진 상황 속에서 언택트 문화의 변화를 더욱 두드

---

21 장회익은 생명을 '대사', '생식', '진화' 외에 개체 간의 '협동'으로 정의한다. 개체들 간의 긴밀한 협동 체계 속에서만 개별 생명체들이 존재할 수 있다고 보는 것이다. 이 협동 체계 자체가 개별 생명체들을 개별 생명체가 되게 해주는 하나의 '상위 개체'로 간주될 수 있고, 그 상위 개체를 '온생명(global life)'으로, 단위 내 각 개체들을 '개체 생명(낱생명)'으로 구분한다.

러지게 경험했다.

"유튜브에도 참여를 했고. 물론 아는 지인의 장례식에 발인할 때도 참여하고 싶었는데 여건상 못 갔어요. 아무래도 온라인으로 하는 것은 실감이 매우 떨어진다는 생각이 들었어요."
_명숙

"직접 조문하는 문화는 상당히 위축될 것 같아요. 조의금 같은 경우는 계좌로 한다든지 그럴 것 같고."
_도연

"온라인 모드하고 메타버스 모든 복지관도 만들고. 근데 과연 이게 정말 다양한 계층을 다 포괄할 수 있을 것인가에 대한 고민이 좀 있는 것 같아요. 온라인이든 그거에 맞는 플랫폼이 뭐가 됐든 그거에 맞는 선택지는 있어야 되잖아요."
_재우

"네, 정말 꼭 내가 가서 얼굴을 보고 위로를 해주고 싶고 그 정도의 긴밀한 관계들은 오는데, 그 정도의 긴밀한 관계는 아니고 서로가 상부상조하는 정도의 입장이면 코로나 때문에 나부터도 발걸음을 조금 덜 하게 되고. 또 오시는 손님들도 그 정도의 긴밀한 친밀감이 아닌 사람들은 대부분 그냥 다 봉투만 전하고 그랬던 분들이 많이 있었던 것 같아요."
_이랑

2) 고인 중심, 유가족 중심의 변화

장례문화에도 다양한 변화의 시도들이 일어나고 있다. 최근 직접 장례식장을 찾지 않아도 실시간 추모를 가능하게 해주는 모바일 앱이 등장했고 온라인 추모관이 만들어졌다. 언택트 문화에 맞추어 허례허식이 줄고 고비용 비실용적인 기존의 장례문화도 변화할 것으로 예상되지만, 의례가 주는 힘이나 주로 조문을 통해 이루어졌던 애도 과정의 순기능이 사라지는 것에도 대비해야 할 필요성이 있다.

참여자들은 애도문화에 언택트 문화가 결합된 온라인 애도문화의 활성화가 다가올 미래라고 생각했고, 공공기관이나 사회에서 애도 프로그램의 개발이나 보급을 해주길 희망했다.

> "사회가 애도할 수 있게 도와줘야 해요. 예전에는 가족이 알아서 했잖아요. 이제는 가족 시스템이 도와주는 것이 아니라 사회적인 시스템이 도와줘야 해요."
>
> _도연

또한 지금처럼 죽으면 장례식장에서 3일장이나 5일장을 치르는 장례가 아니라 코로나가 잠잠해질 때 고인을 기억하는 추도식 문화가 필요하다고 역설했다. 예를 들면 비행기 추락사고나 세월호 사건처럼 일정 기간 동안 애도기간을 유예하고 시신을 찾고 뼈라도 건져와서 죽음을 직면할 때 고인들의 영령을 위한 추도식이 가능했던 것처럼, 포스트 코로나 시대에도 추도식은 가능한 하나의 대안으로 고려해볼 수 있다. 이미 일본이나 서양식에서도 가족 변화나 사회 구성원의 변화로 추도식으로 애도문화를 다루고 있으며, 우리도 1인 가족이 늘어나고 고령화하는 사회에서 이에 대한 방법도 고려할 필요가 있다.

또한 너무 엄숙한 애도문화나 보여주기 식의 예법에서 벗어나 고인을 추모하는 문화로 바뀌어야 한다. 예를 들면 손주들이 할머니의 사진을 모아서 전시회도 하고 고인을 기억하는 사람들이 모여 고인에 대한 얘기도 나누고 영상도 같이 보면서 고인을 추모하는 장례문화가 필요하다. 또한 환경 문제를 고려해 수의같은 것도 비싸지 않게 하고 그냥 평소에 입던 옷을 사용하거나 비싼 오동나무 관이 아닌 종이 관 같은 소박한 관으로 장례를 치르는 것도 한 방법으로 고려할 필요가 있다.

"저도 저 자신이 어떻게 애도를 해야 할지 모르는데. 그런 애도에 대한 도움을 줄 수 있는 이들이 사회에 있으면 좋겠어요."   _ 재우

"좀 긍정적인 면이 작용할 수 있어요. 옛날 같으면 조문객들이 좀 시간을 길게, 늦게까지 있고 그럴 수 있는데. 이제 코로나 상황이라 그런지 되도록이면 머무르는 시간을 조금 더 짧게 가지려고 하는 것들은 분명히 있었던 것 같아요."   _ 희애

"각자 생활에 맞게 더 간소화되든지, 아니면 여건에 따라서 충분히 시간을 갖고 장례를 치를지는 개인 사정에 따라서 다를 수 있다고 생각을 하는데. 그거를 마음에 품고 그 절차보다는 가족 각자들이 고인이 된 분을 생각하면서 제가 시간을 보냈듯이 돌아가신 분의 빈자리를 소중하게

생각한다든지. 가족끼리 모일 때마다 그분을 기억하면서 즐거운 대화를 할 수 있으면 좋겠어요. 저는 그런 시간을 못 가져서 아쉽지만요. 그런 시간들이 더 중요하다고 생각해요. 장례 절차 이후에 그런 시간들을 가지면서 마음으로 정리를 하든지 아니면 마음으로 잘 떠나보내는 게 필요한 것 같아요."
_하나

"뭔가 기술 공유를 통해서 공간은 달라도 같은 내용들을 이야기 나눌 수 있게끔 한다거나 뭔가 가능은 할 것 같아요. 대부분 핸드폰 있고 이러니까 예전에 우리 엄마 요양원 있을 때 찍어서 보내준 것처럼 거기에서 찍어가지고 잠깐 보게끔 한다거나. 뭔가 그래도 내가 가지는 않지만 비대면으로라도 그 안을 보게 해준다거나 이런 식으로 바뀌면 좋을 것 같다는 생각을 했어요. 그리고 저희는 기도하는 시간을 가져야 하는데 줌으로 만난 적이 있어요. 그러니까 처음에는 한 집에 다 모여서 그 자리에서 했는데 그날은 제가 좀 몸이 안 좋아서 제안을 했어요. '줌 켜놓고 하면 안 될까' 이래서 동생이 초대를 했어요. 저희 집에 불단이 있거든요. 그 불단 옆에다 핸드폰 세워놓고 기도를 한 적은 있었어요."_이랑

"워낙에 비대면으로 다 하다 보니까. 또 추석 때나 성묘 가는 날에는, 사람들이 명절날에는 엄청 몰리잖아요. 직접 가고 싶지만 멀어서 못 가는 사람도 있을 때 있고, 아니면 사람들 대면하기 부담스러워서 못 가는 사람들도 있을 테니까 서로 필요에 의해 만들어지는 게 많을 것 같아요. 형편이 안 돼서 몸은 가지 못하지만 꽃을 보내고, 마음은 거기에 다니러 간 것처럼요."
_영숙

3) 작은 장례식

코로나19는 우리의 기존 장례문화가 간소화, 신속화, 축소화되고 있는 상황을 더욱 빠르게 변화시켰다. 참여자들도 남에게 보여주기 위한 장례보다 검소하고 실속 있는 장례식으로 작은 장례식을 선호하고 있었으며, 그 필요성에 대해 일본과 연관지어 언급하기도 했다.

우리 사회보다 먼저 독거노인과 단독세대의 증가, 고령화로 인해 사회적, 인적 관계가 축소되어 장례식에 참석하는 사람이 감소한 일본의 경우, 직장 비율이 장례식의 50%가 넘는다고 한다. 장례식 절차를 간소화하여 빈소와 조문을 없애고 바로 화장하는 것을 '직장'이라고 하는데 보통 장례식 비용보다 10분의 1 수준의 낮은 비용이 드는 것으로 알려져 있다.

참여자들은 우리의 장례문화도 가족 중심으로 변화할 것이라고 생각했고 이 과정에서 작은 장례식은 이미 우리의 현실이라고 생각하고 있었다.

"장례식의 소규모화가 되는 거예요. 가족 장례식이 되는 거죠. 우리나라 돌아가시는 분들 보면 거의 다가 여성분들은 90대고 남성분들은 80대 중반 그래요. 이게 점점 늘어나긴 하지만 자식이 60~70세 정도 되는 거예요. 그러면 직장도 없잖아요. 모을 사람이 없어요. 실제 일본이 지금 그러는 거예요."

_도연

"이번에는 그런 게 별로 없죠. 정말로 친해서 '확진이 걸려도 내가 가리다' 이런 마음이 있는 사람은 없는 거잖아요. 실질적으로 장례식에 참석했던 사람들이 확진이 많이 걸렸어요. 우리 가족은 다 확진 걸렸거든요. 우리 애도 걸리고 그러네요. 다 가족들이."

_ 명숙

"상조에 맡겨서 거기서 다 해주기는 하죠. 그런데 가족끼리만 있으니까 저희는 시골이라서 그런지는 몰라도 되게 쓸쓸했어요. 저희끼리 하고 딱 친척 한 분이 오셔서. 그 다음에 마스크 끼고 있으니까 어색하죠. 정말 집안 어른들 봐도 이 사람이 맞는 사람인지 알 수도 없고 그런 게 좀 외롭고 쓸쓸하다는 느낌이 많이 들었어요."

_ 하나

"그렇죠. 서로가 아주 정말 내가 반드시 가서 위로해줘야 하고 필히 가야 하는 그런 관계가 아니면. 되도록이면 다 그냥 이렇게 마음만 전하는, 그런 걸로 조금 바뀌어도 괜찮겠다 싶어요."

_ 희애

"저도 그때 코로나라서 누구를 선뜻 부르기도 그렇고, 문상객들도 선뜻 방문하기도 그렇고. 다 그런 분위기였기 때문에 저희는 가까운 지인들에게만 알리고 공식적으로 알리지도 않고 조용하게 치렀는데, 다들 그런 분위기였어요. 밤새도록 시끌벅적 술 마시고 그래야 하는데, 제가 볼 때는 그런 방이 하나도 없었어요."

_ 이랑

"장례식도 간소화되고, 고인의 사진을 보면서 애도를 한다거나 기도를 한다거나 이런 것들로. 좀 각자 나름의 노하우들을, 그런 변화에 대한 적응을 좀 해나가야 하지 않을까 하는 생각은 들거든요."

_ 재우

6. "애도상담이 효과 있다고 느꼈어요"

면담이 끝나고 소감을 물었을 때 대부분 사례자들은 "인터뷰하면서 애도되는 감정을 느끼는 것 같아 좋았다"는 반응을 보였다. 또한 "누구에게도 말할 수 없는 것들을 나누면서 문제가 정리되고 자신 안에 새로운 과업이 생긴 것 같다"는 의견도 있었고, "전문가 선생님과 상담을 받은 것 같아 자신이 더 고맙다"라는 반응을 보이기도 했다. 실제 면담 장소에 오면서 또는 면담을 시작할 때 사례자들에게 "지금 기분이 어떠냐"라고 물었을 때 대부분 긴장된다고 했으나, 면담이 끝나고 나서는 대부분 정리가 되고 편안해진 모습을 보였다. 어떤 사례자는 인터뷰 내용이 다음날까지도 마음에 남아 여러 생각을 하게 되었다고 카톡을 보내기도 했다.

> "왠지 면담을 하는 것을 오케이한 것에 후회가 되어서 오기가 부담스러웠어요. 약속한 날까지도 망설였지만 돌아가는 길에는 마음이 가볍고 대부분의 문제가 정리가 되어 시원한 걸 느꼈어요. 아직도 애도 중이라는 것을 확인하고 치유하는 길을 안내받아 고마워요."　_영숙

면담 후에는 정리된 면담자료를 보여주고 개념화한 결과에 대해 사례자로부터 피드백을 받았다. 사례자들은 대체로 자신들이 한 이야기가 잘 개념화되고 분류된 것 같다고 이야기했고 정리가 잘 되었다는 반응이 많았다. 또한 자신들이 이야기한 내용이 오히려 체계적으로 정리가 되어 의미 전달이 잘된 것 같다고 했다.

"내가 말한 것들이 이렇게 정리가 된다니 감사해요. 오히려 체계적으로 정리가 되는 것 같아요. 아버지 돌아가신 이후로 한 번도 이렇게 꺼내서 누군가한테 제대로 이야기한 적이 없었는데……. 애도상담에 대해 좋은 느낌을 갖게 되었어요."

_옥순

지인들의 권유와 요청에 의해 면담 과정에 수동적으로 참여했지만, 면담 과정이 애도상담의 효과가 있었다는 것을 말하면서 사례자들은 사별 경험 후 적응과 성장에 도움이 되었다고 생각했다. 또한 면담을 통해 자신이 나름대로 애도의 길을 걷고 있다는 피드백을 받아서, 오히려 용기를 갖게 되고 막연하고 뿌연 안갯길이었던 것이 명료하게 보이는 길로 바뀌고 있다고 했다. 이를 통해 사별 경험 후 누구나 적응과 성장을 위해 분투하고 있으며, 역경을 통한 성장은 그 자체를 의도하진 않았지만 사별 슬픔을 극복하기 위한 의미 재구성 과정에서 획득되는 결과물임을 다시 한 번 확인하게 되었다.

"간소해지지 않을까 싶어요. 사람들도 많이 초대 안 하고 부고 같은 것도, 이 사람 저 사람 알리는 게 아니고 그냥 진짜 필요한 친척들 이런 사람한테만 하고. 그리고 어떤 사람들은 그냥 간소하게 오늘 돌아가셨으면 내일 장사하는 이런 사람들도 있더라고요. 또 가족장으로 가족끼리만 지내는 사람도 있고 간소해지는 것 같아요. 장례문화는 간소해지고 그리고 또 이렇게 슬퍼하는 시간도 짧아지고. 그 외에는 큰 변화는 없을 것 같아요."

_도연

"아빠나 할머니의 죽음에 대해서 이렇게 쭉 제 감정의 흐름이나 그런 거를 다시 끄집어내서 얘기할 기회가 없었는데. 이런 기회가 있으니까 내가 그때 이랬구나 저랬구나 다시 이렇게 쭉 돌아볼 수 있는 거. 그러면서 다시 '이런 일이 나한테 있었지. 내가 그때 이런 생각을 하면서 마음을 잡았지' 하는 그런 시간이 된 것 같아요. 정리할 시간이 없었거든요. 두서 없이 했지만요." _ 지연

"너무 좋았어요. 왜냐하면 그냥 엄마랑 아빠랑 제가 잘 마무리했을 줄 알았거든요. 근데 더 정리가 잘 된 것 같아서 좋았어요. 이게 저한테 더 기회가 된 것 같아요. 그냥 엄마랑 아빠랑 같이 있는 것 같아요. 진짜 좋았어요. 너무 좋았어요, 진짜. 감사해요. 너무 좋아요. 마음이 좀 가벼워진 느낌이 드는 것 같아요. 희한하다. 너무 희한하다. 왜 이렇게 가볍지, 마음이? 아빠 예전에 용서하셨는데 나는 직접 그 말 안 했다는 그걸 가지고. 오늘에서야 용서도 받았고 화해를 했다는 걸 알았어요." _ 다예

"아빠가 생각이 많이 나고, 그냥 평소에는 괜찮게 지내서 괜찮다고 생각을 했는데 아직까지는 아니구나 좀 많이 힘들구나 생각했어요. 아직은 괜찮지 않아요. 아직 그립고 슬프고 그래도 아빠가 보시고 계신다고 생각하면 좀 힘을 내야 될 것 같아요. 아이도 잘 키워야 할 것 같구요. 아빠가 원하는 삶을 100% 못 살더라도 그냥 잘 살았다는 그런 삶을 살고 싶어요." _ 하나

7. 애도문화의 변화가 미치는 영향

이 책은 코로나19 시대가 장기화되면서 애도문화의 변화가 사회적으로나 개인적으로 어떠한 영향을 미쳤는지 이해해보고자 시작한 것이다. 특히 사례에서 중점적으로 살펴보고자 한 것은 충격적 사별 경험이라는 역경 속에서 어떠한 애도 경험의 변화가 일어났는지, 특히 코로나 시대에 애도 경험을 하면서 갖게 된 어려움과 이 어려움을 극복하기 위해 무엇을 했는지, 그리고 사별 경험을 극복하기 위한 자원과 전략에 관한 것이었다.

'준비 없이 다가온 죽음'은 사례자들이 코로나19라는 불명확한 신종 감염병의 정보 속에서 겪은 사별 경험에 대한 이야기다. 죽음으로 인한 상실이 두렵고 견디기 어려운 것은 준비 없이 다가오는 것, 예상하지 못했던 것이기 때문이다. 준비가 안 되었기에 '혼란스럽고' 고인과의 약속을 지키지 못한 사건을 기억하며 이 모든 발단이 자신의 문제라는 '자책감'을 가지고 있었다. 선행연구에서도 사별 경험은 '살아남아 있는 자의 사건'이며(파크스Parkes, 1998), 누군가를 사랑한 것에 대해서 지불해야 하는 대가(아처Archer, 1999)라고 하여 혼란스럽고 자책감을 느끼는 것에 대해 정상적임을 설명하고 있다.

또한 대부분 사례자들은 장례는 사망진단서가 나와야 장례 절차가 시작되기에 이에 대한 확인과 검증, 이후 장례 절차 등이 복잡하고 전문적인 영역이기에 '장례를 치르는 것에 대한 어려움'을 호소했다. 선행연구에서도 의례가 사별 슬픔을 치유하는 애도 과정에서 적절한 기능을 가져야 함에도 불구하고 형식화되고 전문화된 영역으로 장례 절차가 구축되면 애도과업을 방해할 수 있음을 지적한 바 있다(이범수, 2008; 황성일, 2014).

팬데믹 속 유가족들의 감정을 살펴보면 유례없는 코로나 시대에 시시각각 변하는 상황으로 인해 장례를 치르지 못할 것에 대한 두려움과 죄책감이 앞섰다고 한다. 시신을 제대로 못 보고 입관이나 염습의 상례 단계가 생략되는 애도할 수 없는 죽음은 '박탈될 것 같은 애도에 대한 불안' 문제를 낳는다고 했다. 또한 애도작업을 하면서 가장 많이 느끼는 감정으로 '죄책감'이 있다. 죄책감이 들면 다양한 감정의 파노라마를 경험하게 된다. 또한 자신들이 애도 과정에서 지지받고 위로받아야 함에도 불구하고 사람들에게 민폐를 끼칠 것 같은 스트레스와 불안감, 피해의식이 올라와 신경쓰이고 걱정이 되었다고 한다. 선행연구에서도 사별 경험은 살아남은 사람들에게 가장 큰 사건 중에 하나이며(스트로베Stroebe & 스트로베Stroebe, 1987), 애착관계가 심한 대상과의 사별은 더욱 심한 애도 증상을 경험하게 하고 그 비통감이 장기간 지속되기도 한다(웨이스Weiss, 1999)고 했다. 이것은 애도에 대한 박탈감, 죄책감, 타인에게 신경쓰임과 같은 불안을 느끼는 것도 애도 과정임을 설명하는 것이다.

'사별의 슬픔을 견뎌내는 과정'은 왜 이러한 일이 일어났는지 스스로에게 질문을 던지고 답을 찾는 과정이다. 애도작업은 외부의 충격적 사별 경험을 사건화하면서 외부의 사건을 내부화하고, 내부화를 통해 이를 조절할 수 있는 힘을 갖게 한다. 이 과정에서 다양한 감정을 작업하는 '감정 처리'가 조망의 확대나 성찰 과정을 촉진하는 역할을 한다. 또한 '현실에 집중하기'라는 과정을 통해 매일 매일의 일상 속에서 일이나 사람들과의 관계에서 에너지를 전환하면서 애도 작업을 한다. 테데스키와 칼훈(Tedeschi & Calhoun, 1996)은 선행연구에서 사별 경험을 이해하려는 시도와 감정 처리 과정에 '왜 이러한 일들이 자신에게 일어났는지', '고통이 왜 주어지는지'에 대한 성찰적 반추가 사별 슬픔을 견디는 중요한 기제임을 설명하고 있다.

'사별 이후 변화와 성장'은 자신에게 일어난 변화를 긍정적으로 바라봄으로써 사별 경험에 대한 적응과 성장이라는 새로운 경험을 보여주었다. 이 과정에서 고통스러운 사별 경험을 재인식하는 '경험의 재인식'이 일어나 인지적 처리를 진행했다. 자신을 도와준 사람들을 생각하면서 '관계의 변화'를 통해 친밀한 관계 형성을 위해 노력하거나, 가족의 소중함을 깨닫거나 타인에 대해 더 깊이 이해하고 수용함으로써 이타적 태도를 갖게 되었다. 파시오와 파시오(Fazio & Fazio)는 9.11 참사 유가족을 대상으로 인터뷰한 결과 고통에 대한 재인식과 의미 부여가 사별 경험을 극복하고 적응과 성장에 도움이 되었다고 보고하고 있다. 또한 그릴스와 니마이어(Grillies & Neimeyer, 2006)도 긍정적 재평가가 역경 후 성장에 도움이 된다는 것을 보고하고 있어 본 연구와 유사한 결과를 보고하고 있다.

'코로나19로 달라진 애도문화'는 긍정성과 부정성을 보여주고 있다. '언택트 문화', '다양한 변화의 시도', '작은 장례식' 등 새로운 문화 형태를 보인다. 이는 글로벌 팬데믹에 따른 죽음 성찰을 다룬 곽혜원(2021)과 코로나19로 변화된 노년의 삶과 죽음을 다룬 한규량(2021)의 연구와 일치한다. 이에 대한 구체적인 대안은 마지막 장에서 제안하고자 한다.

5장

죽음의 역사를
통해서 보는
애도문화

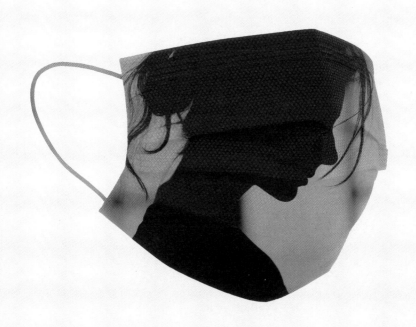

인간의 역사는 죽음의 역사이기도 하다. 동서고금을 막론하고 죽음에 대한 생각은 공통된 점도 있지만 시대별, 문화별로 차이를 보이기도 한다. 죽음의 문제는 죽음에 관한 인식이나 태도의 문제이며 다양한 의미와 불안, 사후에 대한 인식과 태도 등 여러 요소가 복합된 개념이다. 생명은 물질적이지만 육체적인 것을 넘어 영혼, 정신, 삶의 의미와 같은 비물질적인 것이기도 하다. 죽음 또한 물질적 죽음을 넘어 정신적 영역을 포함해 감정적, 지적, 영적 영역을 고려해야 한다.

1. 죽음의 역사

죽음을 행복의 개념과 조화롭게 만들어야 한다. 사회는 개인의 생물
학적 전이(죽음)라는 사실에 의해 지나치게 타격을 받아서도, 지나치게
비통함에 잠겨서도 안 된다.

_ 필리프 아리에스

프랑스 역사학자 필리프 아리에스(Philippe Ariès)의 『죽음의 역사』
는 중세부터 20세기까지 문학, 묘비명, 유언 등을 통해 사람이 죽음
에 대해 어떻게 인식하고 어떤 태도를 취했는지 연구한 저서이다. 서
구 기독교 문명 속에서 죽음의 역사를 추적해, 과거 역사학에서 역사
서술의 대상으로 인식하지 않았던 죽음을 역사학의 대상으로 삼은
기념비적 저작으로, 1천년의 시간과 라틴 문화권의 서구 전 지역을
연구 대상으로 삼고 있다. 아리에스는 문학작품, 종교적 전례, 개인적
자료인 유언장, 묘비명 등 다양한 자료들을 바탕으로 중세 초기부터
현대까지 서구 기독교 문명권에서 인간의 죽음을 어떻게 다루었는가
를 분석했다. 아리에스는 서구 사회의 죽음에 대한 인식과 태도를 '길
들여진 죽음', '자신의 죽음', '타인의 죽음', '금지된 죽음'이라는 4가
지 영역으로 구분했다.

죽음에 대한 태도는 다른 정신적 현상들과 마찬가지로 장구한 세
월을 통해 거의 변화되지 않는 모습으로 나타나지만, 몇몇 시점에서
점진적으로 변화하고 있었고 오늘날에는 더욱 빠르고 의식적인 것으
로 변하고 있다.

고대인들은 죽은 자와 가까이하기를 꺼렸다. 혼령이 산 자들을 혼란스럽게 할까 봐 성벽 안에 매장하는 것을 금지했으며 고대의 묘지들은 도시 외곽의 도로를 따라 도시 밖에 놓였다. 그러나 5세기쯤부터 18세기 말까지 죽음을 자연스럽게, 체념하듯 받아들이는 태도가 두드러진다. 아리에스는 이를 '길들여진 죽음'이라 일컫는다. 이 시기에는 사람들이 사는 도시나 마을 내부까지 묘지들이 들어섰다. 중세 때의 묘지는 죽은 자의 안식처이자 동시에 산 자의 광장이 되어 17세기까지 사람들은 묘지에서 모임을 갖고 온갖 놀이와 축제를 벌였으며, 종교 · 사법 · 정치 · 상업적인 행사를 열었다.

그러나 현대에 이르러 모든 것이 달라졌다. 수천 년 동안 인간은 자신의 죽음과 그 죽음의 국면을 지배하는 주권자로 존재해왔으나, 오늘날 그런 존재의 위치를 박탈당한 것이다. 근대화, 사회화, 도시화의 단계가 진전될수록 자신의 죽음에 대한 준비를 주위 사람들에게 더 의존해왔기 때문이다.

1) 산 자와 공존하는 '길들여진 죽음'

롤랑은 그의 얼굴이 하늘을 볼 수 있도록 등을 바닥에 대고 누웠다. 이때 머리는 동방, 즉 예루살렘을 향했다. 이렇게 죽음에 대한 준비가 되면 롤랑 스스로가 죽음을 맞는 의식을 집전한다.

우선 길지 않게 자신이 사랑했던 것들에 대한 슬프지만 대단히 은밀한 회상을 한다. 거기에는 자신이 정복한 수많은 영토와 가족, 친구, 주

군 등이 포함된다.

그 후 롤랑의 침대를 둘러싸고 수많은 동료들과 입회자들의 용서의 행위가 시작된다. 이는 공적으로 조직된 종교 의식과 같다. 죽음에 참여한 사람이 자신이 저질렀던 죄를 용서해 달라고 롤랑에게 간청하는 것이다. 이를 받아들여 롤랑은 살아 있는 사람을 잘 보살펴 달라고 신에게 간청한다.

그 후 롤랑은 자신의 과실에 대해서도 신에게 기도를 하는데 영혼의 구원을 간청하며 조용히 죽음을 맞이하는 것이다.

_ 프랑스의 서사시 「롤랑의 노래」

'길들여진 죽음'은 감정적 흔들림이 없는 차분한 죽음이다. 즉, 예고된 죽음으로 자신이 죽어가고 있음을 직감적으로 받아들인다. 죽음을 초자연적이거나 신비스러운 것이 아닌 자연발생적인 과정으로 순응하는 것이다. 종말이 다가오고 있다는 사실을 알기에, 죽어가는 사람은 이에 대한 준비를 했다.

죽음의 순간에는 종교적 개입이 있다. 이것은 사면(赦免) 또는 용서(容恕)를 청하는 행위로 기독교적인 의례다. 이러한 사면의 행위는 매장의 순간까지도 죽은 육체 위에서 되풀이된다. 중세 초기 시대의 죽음은 일상적이고 공개적이어서 개인은 기독교 공동체 품에서 비교적 편안하고 외롭지 않게 생을 마칠 수 있었다. 살날이 얼마 남지 않은 사람은 이런 사실을 체념적으로 받아들이며 죽음을 준비했고 많은 친지들이 지켜보는 가운데 별다른 공포감 없이 눈을 감았다.

1천년이 넘는 시간 동안 다양한 방식으로 죽음과 더불어 잘 살아

왔으며 죽음에 익숙해지는 등, 살아 있는 자들과 죽은 자들이 공존해 왔다. 고대에는 법령을 통해 시체를 시내로부터 먼 곳에 묻도록 했지만 중세 초기에 이르면 이런 경향이 바뀌게 된다. 시체를 성자가 묻힌 곳에 함께 묻으면 그의 음덕을 입고 저 세상에서도 그의 보호를 받을 수 있다고 생각했기에 교회에 묻기 시작한 것이다. 교회가 자신의 유골을 그 신성한 성벽으로 보존할 수만 있다면, 그 유골을 어떻게 취급하는가 하는 것은 별로 중요하게 여기지 않았다고 한다.

중세인들은 모든 삶에 종말이 있다는 사실을 외면하지 않았다. 그들이 두려워한 것은 죽음 자체가 아니라 특정한 죽음, 즉, 공동체 밖에서 죽는 '객사(客死)'나 회개할 틈도 없이 죽는 '급사(急死)'였다.

유럽의 성당은 그 자체가 마을 사람들의 거대한 무덤이었고 성당에 딸린 묘지는 사회적 공공장소인 동시에 만남과 유희가 이루어지는 장소였다. 프랑스 파리의 중앙시장이 묘지에 이웃해 있는 것도 그런 연유이다. 길들여진 죽음의 가시적 흔적을 중세의 관을 장식했던 횡와상(橫臥像)에서 찾을 수 있다. 횡와상은 단순히 종말론적 죽음을 표현하고 있는 것이 아니라 땅과의 연속성, 내세에서의 휴식을 나타내고 익명성과 숙명이라는 개념을 담고 있다. 중세 후반으로 갈수록 두 손을 모으고 있던 횡와상이 두 손을 모아 기도하고 있는 모습으로 바뀌기도 하는데, 기도상은 한 개인의 전기적인 고유성을 표현하려는 의지로 볼 수 있다.

19세기까지 서구에서 한 개인의 죽음은 사회적이고 공적인 사건이었으며, 공동체는 죽음에 따른 슬픔과 상실을 힘을 모아 함께 회복했다. 공적인 의식으로서 첫 번째 행동은 친구나 동료, 친척들과 이웃들에 둘러싸여 땅바닥이나 침대에 드러눕는 것이었고, 두 번째 행동은 주변 사람들에게 용서를 구하고 신에게 자신이 사랑하는 사람을 의탁하는 것이었다. 세 번째 행동은 회개의 제스처로 자신의 죄과를 언급하며 기도를 시작했는데, 이는 오늘날의 사죄의식(謝罪儀式)으로 남아 있다. 전례학자들은 죽어가는 자는 반드시 등을 대고 누워서 머리를 동쪽으로 향하게 해야 한다고 규정하고 있는데, 마지막 호흡을 멈추었을 때 장례식이 시작되었다.

장례식은 의복을 찢고 수염과 머리털을 쥐어뜯고 열정적으로 시체에 입을 맞추고 실신하는 등 고통을 강력하게 표현하는 초상 의식으로 시작한다. 다음으로 침대나 석관 주위로 사제와 목사들이 모여 '압수트'라고 부르는 관 옆에서 올리는 면죄 기도를 올린 후, 시체를 시트나 수의로 감싸 땅이나 석관에 묻을 장소로 운반하여 매장하는 순서로 진행했다.

2) 개인주의 사회 속 '자신의 죽음'

15세기는 요한묵시록의 계시나 부활에 대한 생각은 거의 사라지고, 개인적인 심판에 대한 사상이 강조되고 있었다. 이는 죽어가는 자의 침실에서 악마의 마지막 유혹이라는 형태로 이루어지는 최후의 심판을 말한다. 즉, 개인적인 심판이며 각 개인의 죽음인 것이다.

죽음을 앞둔 자의 침실로 천국과 지옥이 내려온다. 한쪽에는 그리스도와 성모 마리아 그리고 모든 성인들이 있으며, 또 다른 쪽에는 악마들이 자리잡는다. 심판은 죽음을 앞둔 자가 약간의 숨결을 지니고 있을 때 시작된다. 이 같은 분위기에서 알 수 있듯이 최후의 심판은 신이 판결을 내리는 재판이라기보다는 임종 직전의 인간에게 마지막으로 제시된 시련의 성격이 강하다. 자유로운 인간은 그 자신이 재판관이 되었던 것이다. 따라서 죽어가는 자는 임종의 순간에 자신의 자유의지로 인해 모든 것을 얻거나 잃게 될 수도 있는 것이다.

_ 필리프 아리에스, 『죽음의 역사』

중세 후기로 접어들어 죽음에 대한 전통적인 친밀성에 더하여, 극적이며 개인적인 의미를 조금씩 부여하게 되었다. 이후 개인주의가 발달하고 자의식이 생기면서 구원의 약속에 회의가 생겼는데, 15세기가 되면서 '나'가 강조되는 경향이 강하게 드러나기 시작했다. 근대적인 시간이 진행되면서 자신의 고유한 실존에 대한 인식이 중요성을 갖게 된 것이다. 이는 최후의 심판과 인생에 대한 갈망이라는 두 개의 주제를 통해 살펴볼 수 있다.

개인주의(個人主義)로 인한 삶의 무절제한 집착에 사람들은 차차 죽음에 대한 공포를 느끼게 되었다. 죽음과 최후의 심판이 시간적인 종말에 즈음하여 이루어지는 것이 아닌, 죽어가는 자의 침실에서 일어났다.

중세 말에는 행복한 인생을 갈망하는 분위기가 형성되어 있었다. 지식인이나 부와 성공을 거둔 사람들에 의해서 생긴 개인주의는 오늘날까지 이어지고 있는 것이다. 사람들에게 죽음은 '나'의 야망과 행복을 좌절시키는 것이었고, 육체의 분해는 인간의 실패를 상징하는 것이었다. 그들은 죽음이 인간 내부에 상존하면서 인간의 야망을 깨부수고 즐거움을 망가뜨린다는 의식을 가지고 있었다. 오늘날 현대인들이 이해하기 힘들 정도로 삶에 대한 애착을 지니고 있는 것은 인간의 수명이 이전 시대의 사람들보다 길게 연장되었기 때문일 것이다.

중세 전기의 장례식은 부유한 사람과 가난한 사람 모두에게 공통적이었다. 대리석 석관이나 더 많은 양초, 사제들과 함께 화려하게 진행되는 압수트, 귀중한 직물로 된 수의 등은 달랐지만, 운명에 대한 체념과 포기, 극화하지 않으려는 의지는 똑같이 반영되었다. 하지만 중세 후반에 들어서면 이전의 장례문화가 변화하게 된다. 출생 신분과 부, 그리고 문화를 통해서 세력가들은 보편적 모델에 새로운 특성들을 부과했는데, 이는 정신의 대변화를 보여주는 것이었다.

인간은 일시적인 것들에 애착을 가지면서 자신의 영혼을 상실하거나, 일시적인 것들을 거부하면서 천상의 행복을 추구한다. 최후의 심판과 왕생술(往生術)의 마지막 시련, 죽음의 주제들을 통해 인지된 삶에 대한 사랑과 죽음의 표현, 자신의 전기에 대한 각자의 인식 표현, 살아가면서 소유했던 사물들과 개체들에 대한 정열적인 애착의 표현들을 보면 죽음은 인간이 자신에 대해 가장 확실하게 깨달을 수 있는 사건이었다.

유언장은 종교적인 수단으로 부(富)를 구원에 대한 개인적인 행동과 결부시키게 되었고, 유언자와 신의 대리인으로서의 교회 사이에 맺어진 보증계약서로 '천국으로 가는 패스포트(passport)'가 되었다. 살아가는 동안 획득한 재산들은 정신적인 화폐인 미사와 기도, 자선 행위들로 기부되었다. 초상에 대한 감정은 제스처나 울음이 아닌 의

복과 색채로 표현되었고, 18세기 이후 검은색으로 일반화되었다. 13세기 이후부터 화려한 장례식의 세속적이고 신비스러운 과시는 부유한 장례식과 가난한 장례식을 더욱더 다른 것으로 만들었는데, 이런 사치가 비난받을 부가 아니라 신성한 의지의 표명으로 비추어졌다.

현세와 내세의 연속성을 믿었기 때문에, 영혼의 형태나마 불멸을 보장받고자 천상에 대규모 투자를 하게 되었다. 종교적 기부행위가 '좋은 죽음'이라는 의식과 함께 망자를 위한 미사가 천 번에 이르기도 했으며 이를 통해 재산의 자연스러운 재분배가 이뤄졌다. 임종 직전에 수도원이나 학교에 기부하는 행위가 성행했다. 유언장을 통해 사후에 재산 상속권을 이행하는 사례가 수없이 많았고 그 규모도 상당했는데, 중세인들의 구원에 대한 강박증과 지옥에 대한 공포를 잘 반영하는 현상이었다. 당시 유언장은 장례 행렬에 동원될 사람의 수와 촛불의 수, 장식의 종류까지 일일이 명기했다. 장례 행렬의 규모, 투자된 적선과 기부금의 액수가 고인의 부나 관대함의 정도를 보여주는 척도가 되었다.

중세 중반부터 부유하고 권력을 지닌, 또는 학식 있는 사람들은 죽음에서 자기 자신을 깨닫고 있었고, 죽음의 거울을 통해 각 인간은 자신의 개성에 대한 비밀을 재발견했다. 이렇게 나를 강조한 사람들은 묘지에 관심을 두기 시작했다. 즉 묘소의 개인화가 이루어진 것인데, 개인 무덤을 사용했고 자신을 나타내는 묘비와 조각을 사용하는 등 개인의 정체성 찾기에 몰두하기 시작했다. 하지만 눈여겨봐야 할 점은 이러한 현상은 죽은 자의 신분에 대한 환기에서 시작한 일이지, 죽은 자의 육신이 정확히 어디에 매장됐느냐의 것은 아니라는 점이다.

고대 로마 무덤에서 신분을 보존하고 또 죽은 자에 대한 기억을 간직하려는 욕구가 5세기경에 드물게 만들어진 후 다소 빠르게 사라졌는데, 800년에서 900년 동안 거의 사라졌던 묘비명을 12세기 이후 또다시 보게 되었으며, 묘 위에서 횡와상이 나체의 사체상(死體像)으로 대체되었다.

15세기에는 사체 취미가 생기기 시작했다. 이는 14세기 흑사병으로 인한 높은 사망률과 경제적 대공황의 시기에 죽음에 대한 강렬한 표현을 나타냈던 것으로 생각해볼 수 있다. 이는 부와 명예에 탐닉하던 세계 속에 개인의 실패에 대한 쓰라린 감정과 삶의 연약성에 대한 고통스러운 의식 등이 육체적 파멸이나 죽음과 동일시되고 있다는 것으로 생각할 수 있다. 죽음이란 한 사람의 결산서가 작성되는 청산이다. 썩은 시체와 부패로서의 육체적인 죽음은 사체 취미적인 죽음으로 전환되었으며, 죽음의 이미지는 개인성과 자의식에 대한 새롭고도 고양된 의미를 표현하기 위한 의미로 사용되었다.

3) 죽음은 내 것이 아니라 '타인의 죽음'

"죽음이 당신의 달콤한 숨결을 빼앗아갔을 망정, 그대의 아름다움은 빼앗아가지 못했군요."

_ 윌리엄 셰익스피어, 「로미오와 줄리엣」

이 시기의 사람들은 인간의 죽음에 새로운 의미를 부여하려 했다.

인간의 죽음을 찬양하고 극화시키면서, 감동을 얻고 독점하려는 경향을 보였다. 나의 추억과 후회 등이 녹아 있는 소중한 사람의 죽음을 그와의 영원한 이별과 단절로 받아들이게 된 것이다. 이러한 감성적인 태도는 삶에 대한 열망과 참담한 죽음을 대비시키게 되었다. 자신의 죽음에 대해서는 이전과 같은 관심을 보이지 않으면서 타인의 죽음은 에로틱(erotic)하고 낭만적인 죽음으로 묘사하기 시작했다.

16세기에서 18세기까지, 서구 문화에서는 죽음의 본능과 성의 본능 사이에 새로운 접근이 일어나고 있었다. 죽음과 성에 관한 주제들이 에로틱한 의미를 지니게 된 것이다. 그 결과 나체의 죽은 육신은 과학적인 호기심인 동시에 병적인 희열의 대상이 되었다. 특히 18세기부터 인간은 죽음에 새로운 의미를 부여하려는 경향과 죽음을 찬양하고 극화시키면서 감동을 얻고 독점하려는 경향마저 보였다. 낭만적이고 수사학적인 죽음은 타인의 죽음에 투영되었는데, 타인에 대한 회한과 추억의 상념이 19세기와 20세기 묘와 묘지에 대한 새로운 숭배를 불러일으키게 되었다.

이때는 '길들여진 죽음'과 '에로티시즘(eroticism)을 품고 있는 낭만적인 죽음'이라는 모순적인 생각이 동시에 드러났다. 즉, 죽음이란 자연스러운 사건이기에 조용하고도 품위 있게 받아들여야 한다고 생각하면서도 죽음은 놀랍고 두려운 사건이기에 거리를 두어야 한다는 식의 이중적인 태도를 보였던 것이다. 이러한 영향으로 묘지는 도시에서 멀리 떨어지게 되었고, 사회생활의 중심이 아닌 매장만을 목적으로 하는 특수한 장소가 되었다.

자신의 죽음을 사랑하는 '타인의 죽음'을 통해 바라보게 되었고, 두려움을 주는 죽음은 자기의 죽음이 아니라 자신이 특별하게 사랑을 쏟았던 사람들을 그 자신에게서 빼앗아가는 '타인의 죽음'이었다. 19세기와 20세기 초에 도처에서 표현된 죽음은 사실상 애처로운 이별이었지만 '먼저 떠나간 사랑하는 사람을 천상에서 다시 만날 수 있다'는 발상으로 이어져, 격정적인 시나 소설들로 쓰였다. 그래서 죽음은 급기야 아름다운 것으로 격상되었다.

낭만주의 시대의 죽음은 서서히 찬양과 동경의 대상으로 변해갔다. 사랑하는 이의 죽음은 쓰라림 속에 묘한 달콤함이 있는 것으로, 사랑하는 이의 시체는 아름다운 것으로 표현됐으며 바로크(Baroque) 시대에 은밀히 드러내던 네크로필리아(necrophilia, 시신 유골 애착증)가 노골적으로 드러나기 시작했다. 여성들 사이에는 '시체 같은 아름다움'이 미의 이상이 되었다.

타인의 죽음은 변화된 가족간의 관계와 묘지 숭배의 배경을 알 수 있게 해준다. 죽음의 의식 주체가 가족에까지 확대되어 가족간의 애정이 확고하게 자리잡은 그들은 극단적이고 받아들일 수 없는 슬픔을 느끼게 된다. 이에 언제나 찾아와 죽음을 추억할 수 있는, 영원히 내 것으로 간직할 묘지가 필요하게 된 것이다. 이것이 오늘날의 묘지 숭배 의식을 일으키게 된 것이다. 그런데 이 묘지 숭배와 기묘하게 연결되는 것이 민족주의와 애국심이다. 오늘날 국립묘지나 용사의 묘 등을 건립하는 것은 국가적인 사업이 되었다. 죽음이 시간을 초월하여 국가를 유지시켜 주는 표상이 된 것이다.

19세기는 죽음에 대해 과도한 슬픔을 가지고 있는 시기였다. 이는 절제된 언행의 기간을 지나 중세 전반기의 과도하고도 자연발생적인 슬픔의 표현으로 복귀함을 알리는 의미를 가지고 있다. 하지만 이보다 더 중요한 것은 살아남은 자들이 타인의 죽음을 더욱 힘겹게 받아들이고 있다는 것이다. 두려움을 주는 죽음은 자신의 죽음이 아니라 타인의 죽음이었던 것이다.

4) 삶이 즐겁기에 '금지된 죽음'

1930년과 1950년 사이에 서구에서는 사회 전반에 걸쳐 빠른 속도의 발전과 변화가 일어났다. 이러한 급속한 흐름은 죽음의 장소를 바꾸었다. 사람들은 더 이상 가족에게 둘러싸인 채 자신의 집에서 죽음을 맞지 않게 됐다. 병원에서 혼자 죽어갔던 것이다. 죽음은 수치스럽고 금기시된 대상이 되어버렸다. 가족과 친구들에게 자신의 죽음을 숨기고 병원에서 홀로 쓸쓸히 죽어가는 영화의 한 장면처럼 죽음은 끔찍한 것이고 피해야만 하는 것이 된 것이다. 죽음을 집전하는 사람도 자기 자신이 아닌 의사가 되어버렸다. 그들이 죽음의 순간과 상황을 결정하는 죽음의 지배자가 된 것이다.

장례산업 역시 현대의 죽음에서 중요한 기능을 하게 되었다. 시체를 꾸밈으로써 죽음의 충격과 사체의 혐오성을 완화시켜 주는 역할을 하기 때문이다. 중세 초반부터 19세기 중반까지 죽음에 대한 태도는 변화되고 있었지만 너무나도 완만하여 현대인들은 그것을 깨달을 수 없을 정도였다. 그런데 20세기 중반에 이르러 전통적인 사상과 감정에 있어서 거친 혁명이 진행되었다.

행복한 삶의 절정에서 찾아오는 죽음이라는 혼란과 추한 임종은 견딜 수 없는 충격이 되었다. 죽음은 삶의 행복을 송두리째 앗아가는 것이었기에 금기시되었다. 죽음의 의식에 있어서 변화된 것은 없었다. 사람들은 극적인 책임으로부터 그 의식들을 몰아내기 시작했고, 죽음이 없는 것처럼 스스로를 속였다. 병원이 의학센터가 됨으로써 사람들은 그곳에서 치료를 받거나 죽음과 싸우게 되었다. 죽음의 비참함으로 인해 그 불쾌감을 참아낼 수 있는 소수의 가족들만이 임종을 지키게 되었고, 이로 인해 사람들은 더 이상 가족에게 둘러싸인 채 자신의 집에서 죽지 않고 병원에서 혼자 죽어가야 했다.

현대로 넘어오면서 죽음에 대해 가졌던 낭만주의적인 '위선'을 철저하게 거부하고, 죽음은 추한 것이 되었다. 죽어가는 사람에게도 그가 죽을병에 걸렸다는 사실을 죽는 순간까지 알리지 않는 사회가 되었다. 사회로부터 격리되어 병실에서 죽음을 맞이함으로써 죽음이 일상에서 거세돼 볼 수 없게 된 이 현상을 가깝게 길들여져 있던 죽음이 멀어져 간다는 이유로 '죽음의 역전'이라 불렀다. 종교적 전략, 미학적 전략이 사라지고 은폐의 대상으로 변화하게 된 오늘날의 죽음은 뭐라고 이름 붙일 수도 없는 끔찍한 것이 되었다. 이제 방법은 하나, 그것을 잊고 그것이 없는 것처럼 살아가는 것뿐이다. 그래서 오늘날 '죽음'에 대해 얘기하는 것은 터부가 되었다.

의학이 발달한 오늘날, 전문가인 의사에 의해 판정되는 의학상의 죽음은 더 이상 필수불가결한 자연현상이 아니라 일종의 실패로 인식되어 산업사회의 일상성과 효율성을 깨뜨리지 않기 위해 은폐되고, 중세 시대의 길들여진 죽음은 야만적인 것으로 전락했다고 아리에스는 지적한다. 병원이나 사회에서의 고독한 죽음이 가져다주는 비인간성과 잔인성을 통해 충격을 받았으며, 죽은 자는 관습이 수천 년 동안 자신에게 인정했던 뛰어난 위치를 상실했으며 죽음에 관한 금기 사항은 주변의 의료진들과 가족의 반응을 마비, 금지시키고 있다고 보았다.

지금은 내세의 삶과 종교적 신앙이 분리된 시대다. 산업화, 합리주의, 인간 중심 사상들은 내세의 삶을 부정하고 죽음의 공포는 커졌으며, 과거에 비해 죽음을 수용하는 데 더 어려움을 겪고 있다.

주변 사람들 역시 그들의 슬픔을 자제해야 한다. 너무 두드러지는 슬픔은 동정심이 아닌 불쾌감을 불러일으키기 때문이다. 즉, 정신적으로 불안한 사람이거나 나쁜 가정교육의 결과로 보는 것이다.

이처럼 모든 면에서 죽음은 금기시되었다. 특히 어린아이들에게 죽음을 보여주는 것은 더욱 그랬다. 현대 사회가 집단적으로 행복을 추구하고 슬픔을 억압하는 사회이기 때문이다. 행복에 대한 필요성, 도덕적 의무, 극도의 괴로움에 빠져 있더라도 항상 행복한 것처럼 가장하면서, 집단의 행복에 헌신해야 하는 윤리적 의무와 사회적 강요가 죽음에 대한 금기시적인 태도를 공고하게 만들고 있다.

2. 문화는 개인을 넘어 의례를 만든다

문화는 학습되고 사회적으로 전승된 행위의 총체로서, 인간에게 고유한 것이고 학습을 통해 얻으며, 사회적인 유전의 여러 메커니즘을 통해 한 개인, 집단 또는 세대에서 다른 세대로 전승된다.[22] 문화는 개인의 삶을 표현하고 이끌지만 개인적 삶을 초월하는 시공간적 장이기도 하다. 동서양의 각 지역 각 민족의 모든 문화는 경제, 정치, 과학, 종교, 도덕, 문학, 예술적 요소들로 구성되어 있다.[23] 또한 개인의 일생, 즉 삶과 죽음까지 규정하고 인도하며, 개인의 삶과 죽음 그리고 그 이후인 것에 대해서도 초월하여 작동하는 존재다.

1) 죽음을 둘러싼 문화와 의례

인간이 죽음을 의식한 유일한 존재인지는 확실치 않다. 하지만 인간은 매장을 하는 유일한 존재다.

_ 필리프 아리에스

인간의 삶에서 죽음문화와 의례는 그 사회의 중요한 역할을 담당한다. 특히 불가항력적이고 되돌릴 수 없는 죽음은 인류 문화의 큰 역할을 담고 있고, 의례는 핵심적 역할을 담당한다. 미첼(Mitchell, 1977)은 죽음문화에서 예식(ritual)을 '공동의 상징적 활동에 대한 보편적 단어'로 설명했다. 예식과 관련된 죽음문화는 두 가지 요소를 가지고 있는데, 외적(신체적) 행동과 사회적 행동이다. 외적 행동은 내면의 현실을 상징하는 몸짓, 자세, 움직임을 의미하고, 사회적 행동은 예식활

---

22 레스리 화이트, 이문웅 역, 『문화의 개념』, 일지사.

23 錢穆 著, 『文化學槪論』, 을유문화사, 1962, p.45.

동에 포함되는 공동체를 말한다(더글라스Douglas, 1970).

이러한 죽음문화와 예식은 인간의 삶을 풍요롭게 하는 다양한 기능 중 본질적 기능으로 행위 주체와 대상 객체 간의 내밀한 소통에 의한 자기정화 기능, 재생 기능, 자기계발 기능, 자기실현 기능, 사회통합 기능, 인류통합 기능 등을 담당한다.[24] 그중 '자기정화'는 정신적 승화작용을 말하며 카타르시스(catharsis)라고도 한다. 카타르시스는 상실에 대한 여러 감정을 정화하는 기능과 신체 안의 좋지 못한 체액의 배설, 제거 등의 기능을 담당한다. 우리의 몸과 감정은 서로 연결되어 있어 감정적 정화를 제대로 하지 못했을 때 신체적 증상을 낳을 수 있고, 신체적 기능의 이상이 감정적 고통을 야기한다. 또한 죽음문화에서 의례활동을 통해 심성을 순화하고 고양시키는 정신적 기능과 역할을 수행함으로써 상실을 경험하는 사람들의 마음을 정화하고, 그들의 삶을 순화시킨다.[25]

2) 죽음의 충격을 완화하는 '의례'

고대로부터 인간은 생명의 탄생부터 죽음까지는 물론 죽음 이후에도 관심을 두었다. 가족이 죽으면 모든 것이 끝나는 것이 아니라 조상으로 자손을 위해 음덕을 베푸는 존재로 남아 있다고 생각했다. 그래서 의례를 통해 생사의 과도기적 경계를 두었고, 그 경계 역시 산 자

---

24 박장순, 『문화컨텐츠학 개론』, 커뮤니케이션북스, 2006, p.131.
25 박장순, 앞의 책, pp.133~134.

와 죽은 자의 유대관계를 지속해나간다고 의미를 부여했다.

여기서 의례(儀禮)란 제(祭)나 재(齋)를 통해 시행되는 형식을 갖춘 예의(禮儀)로서 관혼상제(冠婚喪祭)[26] 등의 전통적 사회의식을 말한다. 실제 나라마다 민족마다 생명의 탄생에서 죽음, 그리고 죽음 이후에 이르기까지를 일종의 생애주기로 보고 생애발달단계 마디가 되는 구간마다 거치는 상징적이고 함축적인 문화를 '상징적 의례'라는 개념으로 정의했다. 예로부터 우리는 생일, 결혼, 장례, 제례 등의 의례를 기념하는 것을 매우 중하게 여겼다.

터너(Turner, 1967)는 상징적 의례를 통과의례와 연중의례로 나누어 설명한다. 통과의례는 돌, 결혼, 환갑, 장례 등과 같이 일생에 한 번만 오는 의례로서 이때 개인은 통과의례를 통해 새로운 질서나 지위를 갖는다. 이에 비해 연중의례는 생일이나 제사처럼 매년 같은 시기 또는 같은 날에 행하는 의례를 말한다. 이에 대해 반 게넵(Van Gennep, 1960)은 통과의례는 삶의 주기적 단계를 만들고, 그 안에 초월성을 끌어들이는 측면이 있기에 적극적 의례라 했고, 연중의례는 자연의 섭리에 순응시킴으로써 인간의 삶을 확인하고 생활의 율동을 주는 측면이기에 소극적 의례라 했다. 통과의례로서 상례(喪禮)와 제례(祭禮)는 죽음과 관련된 것으로 당사자가 아닌 자식이나 후손에 의해 치르는 의례로서 가족을 중심으로 이뤄지고 있다. 이러한 상례와 제례는 약 2만여 년 전부터 출현한 것으로 추정된다.

---

26 관혼상제((冠婚喪祭)에서 관례는 일종의 성인식으로 가족 구성원으로서의 소년이 사회의 일원인 성인으로 탈바꿈하는 의례를 말하고, 혼례는 결혼식을 말하는 것이다. 관혼은 살아생전의 의례로 의례의 주관은 자신이다. 상례는 장례의식을 말하며, 제례는 당사자의 죽음 이후에 일어나는 의례로, 상제는 당사자가 아닌 가족이나 자손이 주관하는 의례다(한규량, 2021).

의례의 핵심 요소는 초점화(focusing), 형식화(framing), 표현화(displaying)로 정리할 수 있다.[27] 먼저 초점화는 의례를 통해 고인이나 망자에 대한 기억을 불러내고 이를 고양시키거나 확장시켜 의례의 시간과 공간을 살아 있게 만드는 것이다. 이로써 실제화가 이뤄지고 기억을 창조적으로 변형시켜 의례적 시간을 성화(聖化)시킬 수 있다. 형식화는 의례의 명백한 절차나 예법을 통해 자신이 표현하고자 하는 핵심적인 내용을 단계마다 규정하는 것이다. 이로써 죽음이 주는 충격을 의례를 통해 처리할 수 있다. 표현화는 의례를 통해 세속(世俗)의 공간에서 성(聖)의 공간으로의 접근을 가능케 하며, 세속과 성의 공간을 연결하는 상징물로도 의례의 목적을 드러낸다. 예를 들면 의례의 행위로서 울기, 무릎 꿇기, 엎드리기, 절하기, 서 있기 등으로 복종, 공유, 순종, 정화 등의 감응을 신체화하여 드러냄으로써 슬픔과 고통스러움에서 점차 성스러운 감정과 역동적인 생명의 힘으로 참여자를 전환시키는 것이다.

이러한 의례는 정화작용으로 재창조한 공간에 성스러운 새로운 세계가 열리게 한다. 그러한 세계가 재창조되는 우주론적 시각은 초점화된 의례의 주 대상이 의례가 열리는 시간과 공간의 중심인 주인이 되게 한다.

---

27 윌리엄 페이든, 『종교의 세계』, 청년사, 2004 참조.

3. 의례로 보는 애도문화

　짝의 실종에 대한 첫 번째 반응은 그를 다시 찾으려고 하는 불안한 시도로 나타났다. 거위는 밤낮으로 쉬지 않고 돌아다니며 대단한 먼 거리를 날아다니며 짝이 발견될 수 있을지도 모르는 곳들을 방문하기도 하며 3음절의 긴 울음의 신호를 나타내기도 한다. 수색하는 탐험은 더욱 멀어지고, 아주 빈번히 수색하는 거위 스스로도 길을 잃기도 하거나 사고로 죽기도 한다.

　모든 거위의 짝을 잃은 것을 보기 위한 목적을 두고 관찰된 거위의 행위는 대체로 인간의 사별 슬픔과 유사하였다.

_ 로렌츠Lorenz, 1963

죽음에 대한 한국인의 관념은 무속, 불교, 유교, 기독교 등 다원적 관점에서 애도 문화를 형성해왔다. 종교마다 다른 사상적 배경을 가지고 있음에도 불구하고 한국인의 삶 속에선 공존하고 있으며 통합적으로 수용되고 있다.

죽음에 대한 애도문화는 살아 있을 때 죽음을 준비하는 문화이며, 생의 마지막을 대비하는 임종의 문화이며, 사후 남은 자들의 죽음의례 문화 등을 포함한다. 존엄한 죽음의 문화사로 의례의 의미, 상례와 제례의 기능을 정리해보면 다음과 같다.

1) 죽음을 준비하고 받아들이는 '상장례'

상장례는 상례와 장례를 합한 말로, 일반적으로 줄여서 '장례'라고 부르고 있다. 장례는 상례의 일부분으로 시신을 처리하는 장사의식을 말하는 것이고, 상례는 사람이 죽고 난 뒤 상중에 행하는 모든 의례를 일컫는 말로 시신 처리뿐만 아니라 장례 후의 모든 의식과 절차를 포함하는 말이다.

장례는 그 사회의 정신문화와 밀접하게 연결되어 있는데, 문화마다 장례의 방식이 다른 이유는 지리적 환경과도 관련이 있지만 근본적인 차이는 죽음관에서 비롯된다고 볼 수 있다. 죽음관은 종교에 따라 다르므로 종교마다 다른 모습으로 장례를 치른다. 한편, 장례식은 사회구성원들에게 문화를 학습시키는 기능을 하고 있다. 개인은 사회구성원들이 요구하는 방식으로 죽음을 어떻게 받아들일지 학습하게 되며, 삶과 죽음에 대해 사회가 요구하는 태도나 문화적 방식을 습득하게 된다.

우리나라의 상례는 대부분 전통적 유교 방식에 기초를 두고 있기 때문에 전통적 유교의 상례 형성과 구성에 대해 살펴보고자 한다. 우리나라의 전통적인 생사관을 살펴보면 다음과 같다.

첫째, 사람은 모두 하늘로부터 태어났고 천자(天子)는 하늘로부터 교(敎)·제(祭)·정(政)의 삼권을 위임받았으며, 백성들은 천자를 숭배하는 것을 통해 하늘의 뜻을 받들어 살아가는 것이라고 보았다.

둘째, 조상(祖上)에 대해 제사하는 것은 곧 상제(上帝)에 대한 숭배를 하는 것이고, 조상은 상제와 후손 사이에서 중개자의 역할을 하는 것으로 믿어왔다.

셋째, 조상은 사후에도 정령들의 잔생(殘生)으로 존재하며 지위(地位), 권능(權能), 형수(享受), 정감(情感) 등이 살아 있을 때와 같으며 또한 자손들에게 화(禍)를 내리고 복(福)을 줄 수 있는 존재로 여겨왔다.

넷째, 공자가 주장한 조상으로부터 생명을 받은 은혜에 보답하는 효(孝) 사상, 주자가 말한 후손의 생명보존을 통한 조상과의 동기감응(同氣感應), 즉 부모의 유해가 같은 기운으로 이루어진 자손에게 영향을 주는 것이 자연의 이치라고 보았던 사상과 연결되어 상례의 역할이 더욱 두드러지게 되었다.

다섯째, 상례의 최우선 목적은 생명을 유지하고, 대가 끊기지 않으며 조상과 연대를 유지, 존재하는 방식의 구조화이며, 그것이 의례의 핵심적 틀이다. 의식이라는 구조화된 도구를 통해 조상을 잘 받들고 그 기운을 입어 후세를 이어가는 행위와 그 과정을 뒷받침하는 것이 상례의 목적이 되는 것이다. 즉, 생시에는 효순(孝順)으로 부모를 봉양하고 돌아가시면 장례로 모시며, 장례 후에는 제사와 같은 상례로 경애(敬愛)함을 실천하여, 부모의 생시는 물론 부모의 죽음 이후를 포함한 생애 전반에 대해 정성을 다하는 것이 효라고 보았다. 사후 존재가 '조상'이고 그 조상을 섬기는 일이 '제사'였기에 이 역할을 잘 해내는 것이 삶에서 매우 중요한 일이었다.

저승이란 선대로부터 죽은 영혼들이 모여 사는 집거지이며, 굿의 민속의례를 통해 소통이 가능한 세계로 인식했다. 유족들은 영가를 편안한 저승으로 무사히 보내는 것을 목표로 삼았다. 망자 영혼의 안전한 저승에의 귀속이 이러한 상례를 통해 이루어질 수 있다고 생각했고, 애착관계의 상실 이후, 망자들의 안위에 대한 간구와 자신들의 안전에 대한 기원을 하게 되었다. 이렇듯, 유교는 상례뿐만 아니라 제사나 성묘와 한식에서 보듯이 죽은 자가 산 자로부터 격리되지 않고 주기적인 만남이 이루어지는 특징을 가지며, 한국인들에게 집안의 전통과 가계를 유지시켜 주고 조상 숭배의 죽음관을 전승하는 기능을 가지고 있다.

조상과의 연대를 중시하고 대가 끊기지 않아야 하기에 과거 유교 사회는 대를 잇기 위한 여러 비인간적인 일들을 하게 했고 남성 중심의 비합리적인 사회구조를 만들기도 했다. 한 해에 태어나는 여아 100명당 남아 수의 자연스러운 성비가 103명에서 107명이라고 하는데, 불과 20여 년 전인 1994년의 통계를 보면 첫째일 때 105.8명, 둘째일 때는 111.7명, 셋째일 때는 177.2명으로 나타났다. 이는 성감별에 의한 낙태 수술이 이루어졌다는 의미이고, 유교 사회가 주는 남아 선호사상이 얼마나 강하게 지배하고 있었는지 알게 해준다. 하지만 최근에 장자나 아들로 규정되어 있는 호주 상속제도가 바뀌고 딸 선호사상까지 생길 정도로 획기적으로 변한 사회에 우리는 살고 있다. 이에 따라 유교의 전통 상례문화도 빠르게 변화했지만 변화된 시대에 적응할 수 있는 새로운 상례의 체계는 적절히 확립되지 않고 있는 실정이다.

현재 우리나라의 상례문화는 유교와 불교, 그리고 무속신앙이 주도하여 이루어진 것에 가톨릭, 개신교 등의 외래 종교 문화의 유입으로 새로운 형태의 상장의례가 자리잡고 있다. 기독교는 유교와 달리 사후 세계와 현세가 분리되어 있어 추모 의례가 간소화하기 쉬운 여건을 가지고 있다. 실제로 1986년, 당시에는 획기적으로 세브란스 병원이 장례식장을 열면서 처음으로 술, 도박, 밤샘, 촌지 금지의 4무 원칙을 도입했다. 이로써 장례식장의 밤샘문화를 없애는 데 일조했고, 그 후에 주요 장례식장에서 이를 따라하면서 현재 우리나라의 상례문화에서 밤샘문화가 사라지는 추세다.

우리나라의 현대 장례 문화의 특징을 살펴보면 간소화, 소규모화, 신속화, 축소화되고 있는 것을 알 수 있다. 과거 유교 사회에서 4대 봉사를 하던 것을 현재는 자신의 부모까지만 제사를 모시는 경우가 많고, 기제사를 한 날로 모은다거나 명절 제사로 대체하는 경우도 많다. 또한 과거에는 대부분 집안에서 돌아가셨지만 근래에는 상장례의 장소가 병원 장례식장이나 전문 장례식장이 대부분이며, 부고와 조문의 범위가 줄고 이에 따라 조문 인원도 줄어들고 있다. 예전에는 죽는 이의 가족과 친척, 마을 공동체는 결속을 다지며 연대감을 확인하는 계기로 삼았다. 그러나 상장례는 점점 개인 단위의 일로 축소되었고, 전통 가족과 지역사회가 제공하던 관계망이 헐거워지고 지원·지지망이 약화되고 있다. 이로 인해 사회 구성원들 간의 공동체 의식이 저하되고 유대성과 돌봄이 약화되고 있으며 신, 조상, 혈연, 상장례에 대한 열의가 감소하고 있다.

고령화로 현업에서 은퇴한 상주들의 문상객이 자동적으로 감소하면서 조문객도 많이 줄어들고 상장의례의 본래 취지를 살리지 못하는 재화 교환 방식으로 변질되고 있는 것이 현실이다. 2018년 합계 출산율 1.0이 붕괴되면서 2019년에는 출생자가 30만 9천 명, 사망자는 31만 4천 명으로 사망자가 더 많았다. 베이비 부머(baby boomer)

의 노령인구 편입에 맞물려 2040년에는 출생자가 29만 5천 명, 사망자가 54만 9천 명으로 두 배 가까이 차이가 날 전망이라 하니 앞으로 상장례 문화가 더욱 빠르게 변할 수밖에 없음은 자명한 일이다.

과학과 의학의 발달과 경제 발전으로 인해 건강 유지와 영양 보충이 원활하여 평균 수명이 증가함으로써, 우리나라는 2025년이면 65세 이상 노인인구가 전체 인구의 20%가 넘는 초고령사회를 맞이한다. 인간 수명의 한계성을 숙명으로 여겨왔던 과거와는 달리, 현대의 산업과 의학의 발전은 생명을 DNA나 화학적 결합으로 간주하는 경향이 있다. 이로 인해 죽음은 막을 수 있는 것으로 여기는 등 죽음의 사유 체계가 혼란스럽게 되었다. 죽음을 의학적인 생명 연장 기술의 실패로 보는 경향이 증가하고 있으며, 죽음의 거부나 죽음 시점을 무작정 지연시키려는 시도가 정당화되고 있다.

2) 우리나라 전통적인 장례의식과 제사

상례와 제례는 망자의 시신을 처리하는 방식과 망자, 고인을 애도하는 일련의 애도방식을 말하는 것이다.

상례는 장례식장에서 3일장으로 치르고 이틀 후에 삼우제(묘소에서 올리는 제례)를 지내면 일단락된다. 이후 사십구재나 미사나 예배 등을 거친 후 탈상을 하면 상례를 지나 제례로 넘어간다. 이때 사후 세계에 대한 관념이 강한 가족은 죽은 이가 사후 세계로 잘 갈 수 있도록 준비하는 것에 관심을 두고, 사후 세계보다 현생에 대한 관념이 강한 가

족은 사별한 생존자들이 사별 슬픔을 위로하며 서로 지지하는 장에
더 관심을 둔다. 이에 비해 제례는 조상을 기리는 과업으로 주요 명절
과 기일(제사일)에 행하는 차례와 제사, 벌초와 성묘 등의 연중의례로
서 부모 공경은 물론 조상 숭배를 위한 실천윤리다. 시대에 따라 형식
과 규모가 변화하기는 했지만 여전히 애도문화로 존재하고 있다. 다
음의 예는 전통적인 상례로서 일별 순서와 과정을 정리한 것이다.[28]

1일 임종(臨終)-초종(初終), [수시(收屍)- 고복(皐復), 발상(發喪), 입
     상주(立喪主). 입호상(立護喪), 부고 작성(訃告作成), 습(襲), 소
     렴(小殮), 전(奠)]

2일 부고 발송(訃告發送), 집사분정(執事分定), 혼백(魂帛)과 영좌(靈
     座) 만들기, 명정(銘旌) 설치, 시도서(時到所) 조성, 대렴(大殮),
     초빈(草殯) 만들기, 입관(入棺), 전(奠).

3일 성복(成服), 노막(盧幕) 설치, 전(奠).

4일 조석 상식, 문상객 접객.

5일 조석 상식, 문상객 접객.

6일 아침 상식, 운아(雲亞) 만들기, 조조례(朝祖禮), 조전(祖奠).

7일 상여(喪輿)와 영여(靈輿) 설치, 견전(遣奠), 발인(發靷), 장지 도
     착, 노막(盧幕) 설치, 산신제(山神祭), 하관(下棺), 편토제(平土
     祭), 반혼제(返魂祭), 신주(神主) 만들기, 초우(初虞).

8일 재우(再虞), 상식.

28 김광억, '문화실천의 공간으로서 죽음의 의례', 〈민속학술자료총서〉 164권, 147-149

9일　삼우(三虞), 혼백(魂帛) 묻기, 묘소 돌보기, 저녁 상식. 사위는 귀
　　　가.

10일　졸곡(卒哭), 저녁 상식.

11일　부제(祔祭), 저녁 상식.

12일　조석 상식, 딸들도 귀가.

13일　조석 상식.

15일　첫 삭망(朔望), 상주 외출.

3개월　졸곡제(卒哭祭).

3개월과 1일　부제(祔祭: 소목昭穆의 서열에 따라 망자를 그의 조부에
　　　　　　게 입묘하기 위해 행하는 제례)

13개월　소상(小祥 : 사망한 날부터 1년이 지난 뒤에 지내는 상례 절차)

25개월　대상(大祥: 신주神主를 사당에 모시고 영좌를 걷고 상장을 버
　　　　리고 상복을 벗음)

28개월(정일丁日)　담제(禫祭: 망인에 대한 상례를 마치고 탈상)

28개월과 1일　길제(吉祭: 담제를 지낸 다음 달 정일丁日에 신주神主를
　　　　　　　고쳐 쓰기 위한 절차, 5대조의 신주를 묘 곁에 묻는 제사
　　　　　　　의례)

　한국인에게 익숙한 전통적인 유교의 상장의례에서 사후 존재를
'조상'이라고 하고 조상을 섬기는 일을 곧 '제사'라고 부른다. 유교적
가르침의 기본적 사상은 효(孝)로서 생전에는 부모를 봉양하고, 부모
가 돌아가시면 장례로 모시고, 장례 후에는 제사와 같은 상례로 경애
함을 실천하는 방식으로 구성되어 있다. 이는 망자나 고인에 대해 생

과 사를 구별하지 않고 감응이론처럼 살아생전이나 죽어가는 과정과 죽음 이후에도 예의를 갖추어 모시는 것을 기본 도리로 여겼다. 특히 상장례에서 상사(喪事)는 애통함을 위주로 진행해야 하고, 제사는 공경하는 태도로 이루어져야 한다고 가르친다. 이로써 상사(喪事)와 상장의례에서 애도 과정의 중요성을 강조하고 있다.

3) 상장례는 슬픔을 표현하고 공감하는 과정

상장례는 고인의 죽음을 수용하고 유족들은 사별의 슬픔과 고통을 공식적으로 지지받고 애도하는 기능을 가진다. 고대로부터 내려온 상장례는 유족의 애도를 중심으로 각 단계마다 슬퍼할 수 있게 하고, 과도한 슬픔에서 벗어나게 할 수 있는 정밀한 기제가 작동하고 있다. 따라서 과거든 현재든, 상례에서 행해지는 과정들은 죽음이 일어나는 순간부터 봉안 후 제사 등의 상장례 전 과정까지 유족의 애도를 돕는 과정을 시행해나가는 것이라 해도 과언이 아니다.

이러한 상장례의 기능과 역할을 정리하면 다음과 같다.

첫째, 상장례는 애도자가 죽음으로 인한 비탄을 드러내고 슬퍼하게 함으로써 감정 정화와 감정 조절의 두 가지 기능을 한다. 여기서 감정의 표현은 슬픈 일이 일어날 때 자연스럽게 드는 것으로 외적으로 표현하게 함으로써 감정을 정화하여 사별에 따른 비탄에 스트레스받지 않고 감정을 해소시키는 기능을 담당한다. 또한 감정 조절은 예법을 통해 일상으로 회복하기 위한 준비 과정으로서 의미와 역할을 담당한다. 사실 애도 과정은 상실 중심 과정과 회복 중심 과정을 왕복하는 과정이다. 상장례를 통해 고인과 점진적으로 이별을 수용하게 하고 비탄에서 회복하여 일상으로 복귀할 수 있도록 하는 것이다. 실제 상장례 의절(儀節)의 복잡한 절차는 산 자로 하여금 죽은 자와 점진적인 격리(隔離)를 통해 고인이 이미 가족 곁을 떠나 다시 돌아올 수 없다는 사실을 체득하는 데 있다. 따라서 그 의례의 절차를 통해서 자신의 비통한 마음과 정서를 제어하고 마음의 애통을 수렴하며 적절한 시간 내에 정상을 회복하는 과정이 필요한 것이다. 이를 위해 애도 과정에서 중요하게 다룰 과업은 다음과 같다.[29]

- 상장례를 통해 고인의 죽음과 사별의 현실을 기정사실화하도록 돕는다.
- 상장례를 통해 유족들이 고인에 대한 생각과 감정을 표현하는 기회를 가진다.
- 상장례를 통해 고인의 삶의 여정을 회상하고 추모하는 시간과 공간을 가진다.
- 상장례를 통해 고인과 유족의 삶을 회상하고 의미부여를 하는 공간을 만든다.

둘째, 상장례는 고인의 죽음을 추모하기 위해 함께 슬픔을 표현하고 공감하며 지지하는 사회적 기능을 수행한다. 예를 들면 개인의 죽

---

29 이범수, 「고급 상장례 문화」, 2021 참조.

음을 추모하고 인식하기 위한 도움과 배려를 제공한다. 고인의 시신을 처분하기 위한 공식적인 장을 제공한다. 죽음에 의해 상실과 비탄에 쌓인 유족들이 스스로의 삶을 재정립할 수 있도록 원조를 제공한다. 또한 사별자들이 외부 세계와의 관계에 부합되는 상호적인 경제적, 사회적 의미를 증명할 기회를 제공한다. 이는 결국 유족에게 사회적 지지 관계망을 뻗는 효과를 갖고 있으며, 상장례를 통해 유대감, 사랑, 미움과 같은 정서적 삶을 살아가는 소속 사회 구성원의 삶을 통제한다. 또 질서 있는 사회적 집단으로서 삶의 통일성을 보호하고 유지하는 사회적 중요성을 보여줄 수 있다.

셋째, 상장례는 죽음이라는 실존적인 경험을 통해 죽음이나 죽음 이후와 같은 영적 세계에 관심을 갖게 한다. 죽음은 누구에게나 언제 어디서든지 닥칠 수 있다는 것을 바라보면서 죽음의 실존적 현실을 직면하게 된다. 상장례 속에 담긴 의미를 파악하게 되고 이를 통해 인간의 종교성이나 영성을 확충하는 계기를 만든다. 특히 상장례에서 표현되는 기도문이나 공간을 채우는 꽃과 영정사진, 종교적인 상징물 등을 통해 각 상징물들이 갖고 있는 의미를 내재화한다. 이러한 의미에서 상장례의 의미를 학습하고 실행함으로써 행위 주체자로서의 영성의식과 종교성이 성장하며, 종교적 의례를 체득하는 사회화 과정이자 영적 성숙의 계기라 볼 수 있다.

4. 사회가 변하면 애도문화도 변한다

    장례용품과 상복, 육개장을 국물로 주는 접대용 식사와 음료수까지 모두 병원 영안실에 준비되어 있었고, 영안실 직원은 진단서를 첨부해서 사망신고를 제출하는 일과 시립 화장장에 연락해서 화장 순번을 받아내는 일을 맡아 주었다. 운구용 버스를 예약하고, 납골함을 구입하고, 납골당의 자리를 교섭하는 일까지도 영안실 직원의 전화 몇 번으로 끝냈다. 아내의 죽음을 몸으로 감당해야 할 사람은 나였지만, 아내의 장례 일정 속에 나는 아무 할 일이 없었다.

_ 김훈, 「화장」

    전통적으로 한국 사회에서는 유교, 불교, 선과 무속이 주도하여 상장례가 이루어졌다면, 근대에 와서는 산업화와 기독교 등의 유입으로 새로운 형태의 애도문화가 자리잡게 되었다. 실제 근대로 대표되는 개인주의 문화에서 죽음은 여전히 금기시되고 있으며 기대수명의 증가와 의과학의 발달 등은 삶에서 죽음을 멀어지게 만들고 있다.

    이러한 사상적 측면뿐만 아니라 개인과 사회적 측면에서도 죽음보다는 삶, 의미보다는 감각적 행복에 더 많은 에너지가 투여되면서 애도문화는 간소화되고 생략되는 추세다. 그럼에도 불구하고 한국인의 심리 속에서 작동하고 있는, 죽으면 조상이 된다는 영성(靈性)이 내재하고 있기에 죽음을 부정하면서 죽음을 고뇌하고 있다. 따라서 존엄한 생명과 더불어 죽은 시신 역시 존엄하게 다루어야 한다는 사유 체계가 자리잡고 있다.

그러나 현대 사회에 들어 산업과 의학의 비약적인 발전은 인공수
정 출산, DNA와 줄기세포 등의 생명과학이 발전하면서 생명과 죽음
에 대한 관점도 변하고 있다. 또한 지리적 이동과 죽음의 원인 변화,
줄어든 세대 간의 접촉 등은 애도문화의 거부나 죽음 수용의 지연을
정당화하고 있다. 또한 우리나라 특유의 병원과 장례식장의 공존 체
계는 한 생명의 시작과 종말 그리고 상실에 대해 차분한 비탄과 애도
를 할 수 있는 시간과 공간으로 적절히 활용되지 못하고 있는 실정이
다. 이러한 상황하에 애도문화도 많은 변화를 보이고 있다.

최근 코로나19로 인해 기존의 장례문화는 더욱 빠르게 간소화, 소
규모화, 신속화, 축소화되고 있다. 사회적 거리두기의 영향으로 상가
조문객이 현저히 줄어드는 대신 스마트폰을 이용한 위로 문자를 보
내고 조의금도 계좌 입금을 하는 것이 일반적인 현상으로 자리잡게
되었다. 또한 조문객이 감소하며 고인의 죽음을 유족이 애도할 시간
과 공간을 적절히 제공받지 못하고 있다. 사랑하는 사람의 상실로 인
해 슬픔에 젖은 유족들에게 고인의 죽음을 추모하고 건강한 애도를
할 수 있는 상장례의 절차를 갖는 것은 매우 중요한 일로 보인다.

1) 죽음의 세속화

애도문화의 변화로 가장 큰 변화는 죽음의 세속화이다. 전통의례에
서는 집 밖에서의 죽음은 객사(客死)라 하여 좋지 않은 죽음으로 여겼
다. 그러나 요즘은 오히려 집에서의 죽음보다 병원에서 죽음을 맞는

일이 자연스러워졌다. 또한 애도 공간이 장례식장, 공원묘지, 추모공원 등으로 옮겨졌다. 이는 죽음이 갖고 있는 의미를 삶의 공간에서 분리하여 애도문화의 의미가 약화되었다는 것이다. 애도는 장례식장에서 주어지는 며칠간의 의미로만 전락하고, 이는 죽은 자와 산 자의 분리와 격리를 적극화하는 데 커다란 기여를 하고 있다. 또한 애도에서 장례식장의 위치, 영구차와 관, 화환, 유골함 등 애도의 상징물과 시설 등에 대해 개인적 재력과 취향에 따라 성대하게 거행됨으로써 애도문화의 계급화에 일조하고 있다.

2) 죽음의 기술화

매장문화가 주를 이루었던 전통 애도의례와 달리 도시화로 인한 인구 집중화로 묘지의 제한과 실용성을 강조하는 사조가 번지면서

[그림 1] 한국인 사망 장소

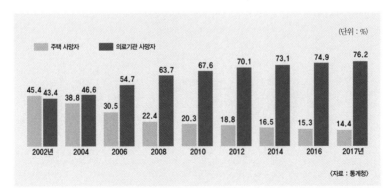

죽음의 기술화가 본격화되고 있다. 매장(土葬), 화장(火葬), 수목장(樹木葬), 잔디장, 화초장, 해양장(바다장), 우주장, 유골보석, 퇴비화 장묘 등 현대적 기술이 가미된 다양한 문화로 진화하고 있다. 이는 토지 사용에 대한 공간 문제 해결에 대한 요구, 도시화로 인한 인구의 이동성 확대, 전염병으로 인한 의학적·보건학적 이유로 다양한 장묘방식이 장려되면서 더욱더 진행될 전망이다. 하지만 이는 애도문화를 외형화된 유물론적 의미로만 이해하고 죽음에 대한 종교적, 영성적 관점을 제거함으로써 죽음의 실존적 의미를 퇴색시키고 있다.

3) 애도의 축소화

전통적인 애도문화와 달리 현대 사회에서는 핵가족화의 영향으로 조상과의 연대감 감소로 의례도 많이 간소화하고 있다. 제사는 2대 봉사로, 기제사를 한 날로 모으거나 명절제사로 대체하는 등의 현상이 두드러지고 있다. 의례 형식보다는 평상복을 입고, 제수도 구매한 것으로 지내며, 제사 거행시간도 직업을 고려하여 초저녁에 지내는가 하면, 제사의례도 간소화하여 지내는 것을 볼 수 있다. 장례는 공동체적 단위에서 개인 단위의 일로 축소되었다. 병원 장례식장이나 전문 장례식장이 장례에 관련된 장소, 물품, 음식 등을 제공하는 역할을 하기 때문에 전통적인 상부상조의 정신이 물질 형태로 대체되는 경향을 보이고 있다. 따라서 고인이 속한 공동체의 참여는 제한되고 참여 인원의 규모도 축소될 수밖에 없다.

4) 애도의 신속화

장례를 치르는 절차 또한 매우 축소되어 전통적인 장례 절차와는 비교할 수 없을 정도가 되었다. 장례식의 절차를 살펴보면 첫째 날은 시신의 운구와 안치가 이루어진다. 이후 장례식장 측과 장례 일정, 방법, 빈소의 크기 등 장례에 대한 전반적인 내용과 영정 사진, 제단의 장식, 상복, 장례용품의 선정, 각종 서류의 준비, 차량, 식사 준비 등에 대해 상담을 한다. 둘째 날은 염습하고 입관을 하면 성복을 하고 정식으로 조문을 받기 시작한다. 셋째 날은 발인과 운구가 진행되며 장지나 화장장으로 떠남으로써 장례식장에서의 절차를 마무리한다.

그러나 현대의 신속한 상례에서는 초종과 관련한 복, 수시 등을 할수가 없으며, 둘째 날도 소렴, 대렴의 구분 없이 습(襲)과 염(殮)을 동시에 진행하며 입관은 참관만 하게 된다. 전체 상장의례 또한 전통적으로는 3년 탈상이었으나 현재는 사십구재 때 탈상을 하기도 하고, 삼우제(三虞祭)[30] 후에 탈상하거나 장지에서 바로 탈상하는 경우도 늘고 있다.

이러한 애도문화의 변화는 삶의 형태에 따라 필연적으로 변화할수밖에 없다. 왜냐하면 의례를 담고 있는 삶이 살아 있기 때문이며,

---

30 삼우제는 장사를 지낸 뒤 죽은 이의 혼백을 평안하게 하기 위해 지내는 제사를 말하는 것으로, 장사 당일 지내는 제사는 초우(初虞), 다음날 지내는 제사를 재우(再虞), 그 다음날 지내는 제사를 삼우(三虞)라 한다. 오늘날 장사 지낸 후 3일째 되는 날 삼우제만 지내고 있고, 삼우제를 지내고 나서 상주는 묘역에 갈 수 있다고 한다. 우제(虞祭)라는 말은 시체를 매장한 뒤 그의 혼이 방황할 것을 염려하여 드리는 제사를 말한다. 다시 말해 갓 돌아가신 영혼을 위로하는 뜻으로 지내는 위령제다.

의과학의 발달로 죽음에 대한 이해가 변했기 때문이다. 또한 종교관, 장례 의식, 의례 주체, 고령화, 1인 가구 증가 등 가족 구조의 변화와 개인주의 같은 가치관의 다양화를 반영할 수 없으며, 전 국토의 묘지화를 걱정하는 경제적 논리와 공동체의 새로운 규범에 의해 압박을 받고 있다. 애도문화의 변화는 '죽음의 기억(memento mori)'의 시공간으로서 고인과 애도자를 연결하는 기억을 상실케하고 있다. 산 자와 죽은 자의 만남의 공간으로 사회적 기능이 단절된 채 오로지 사체를 유기하는 '폐기물'의 장소로 전락한 것이 아닌가 하는 비판이 있다. 과거 전통문화에서는 죽음이란 새로운 여정으로 가는 순례길이며 여행길이었던 데 반해, 오늘날은 '생물학적 기능의 종말'로 간주된다는 점에서 많은 비판이 존재한다.

6장

사회적 치유로서
애도 코뮤니타스를
지향하며

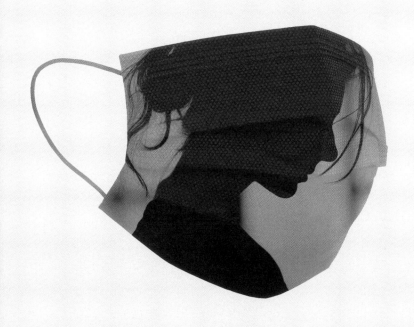

지난 50여 년 동안 300종이 넘는 전염병이 출현했고 대부분의 의과학자는 코로나 이후에도 치명적인 전염병이 계속해서 인류를 공격할 것이라 예고하고 있다. 이는 바이러스나 세균에 의한 위험성이 항상 상존하는 시대를 예고하는 것이며, 이미 지난 역사에서 인류의 문화사가 세균과 바이러스에 의한 질병사와 무관치 않음을 보여주고 있다. 이는 아무리 효과성이 좋은 백신이나 치료약이 개발돼도 언제나 질병에 의한 죽음의 공포는 일상화될 것이고 포스트 코로나 이후 다음 팬데믹을 준비해야 함을 의미한다(밀러Miller & 하간Hagan, 2017). 이미 전 지구적 재난은 진행되고 있으며 그 재난과 그 후과(後果)를 어떻게 인식하고 변화해가느냐에 따라 팬데믹의 악순환을 반복할 것인지, 아니면 새로운 공존과 질서를 수용하면서 적응할 것인지가 판

별될 것이다. 이러한 과정에서 위기에 대한 애도와 성찰을 충분히 하고 새로운 삶으로의 모색이 탐색되고 실천됨으로써 지난 인류의 문화사가 그러하듯이 절망 속에서도 희망의 꽃을 피우고 궁극의 한계에서 근본으로의 뚫림을 통한 전환과 성장의 시대를 맞이할 것이다.

인간에게 있어 생명이 시작이라면, 죽음은 마지막으로서 삶의 가장 근본적인 주제다. 팬데믹 시대에 감염에 대한 방역의 문제는 결국 죽음의 문제로 귀결된다. 의과학적 입장에서 좋은 삶이란 행복과 삶의 질 문제이기에 무병장수하고 몸과 마음의 안녕감을 유지하는 것이 최선의 목표이다. 하지만 인간의 삶이란 상실의 연속이며, 상실 가운데서도 대체할 수 없는 상실이 죽음이다. 죽음은 회피한다고 해서 회피할 수 있는 것이 아니다. 세상의 모든 것들은 시간이 지나면 낡고 부서지고 흩어지듯이 죽음 또한 자연현상으로 보편적이고, 악의 없이 일어나고, 불가항력적이다.[31]

아무리 백신을 맞아도 방역을 해도 코로나에 걸리는 것이 지금의 현실이기에 생명의 질서에서 100% 확신할 수 있는 것은 아무것도 없다. 그저 많은 방책과 대책은 확률적으로 의미를 갖는 수치에 불과할지도 모른다. 왜냐하면 지금의 현상을 추론하기에는 너무나 많은 변수와 상관성이 복잡하게 얽혀 있기 때문이다. 그럼에도 이러한 문제를 고민하고자 하는 것은 이것이 삶을 살아가는 인간의 운명이며, 지난 과정의 실수나 오류를 바로잡음으로써 같은 실수를 반복하지 않기 위

---

31 유호종, 『죽음에게 삶을 묻다』, 사피엔스, 2010, pp.43~51 참조. 여기서 저자는 죽음의 특성을 누구에게나 닥치는 보편현상으로 보았다. 죽음은 누구의 탓도 아닌 자연현상이 대부분이고, 누구도 어쩔 수 없기에 죽음에 맞서는 것이 아닌 인정하고 순응하는 태도를 강조한다.

함이며, 두려움과 공포로 인한 인식의 오류를 줄이기 위함이다.

실제 현대인의 많은 문제는 소위 문명의 발달에 따라 삶과 죽음을 서로 분리하여 인식하는 데서 발생한다. 보이는 세계에만 관심을 갖는 물질만능주의(物質萬能主義), 한계에 대한 허무주의(虛無主義), 공동체와 연결성을 망각하고 홀로 자신만을 드러내려는 개인주의(個人主義) 등 기존의 수많은 사상적 조류들이 상호작용을 하며 문제들을 양산하고 있다. 이런 면에서 우리는 가치관의 혼란 속에서도 물질 중심의 맘몬이 주류를 장악하면서 수많은 비상 상황을 만들어내고 있다. 현재 한국 사회는 구조적으로 물질적 부(富)를 가장 중요한 가치로 강제하는 시스템을 가지고 있어, 사람들은 대부분의 시간을 부를 축적하고 소비하는 데 할애한다. 그러나 물질적 부에 비해 정신 건강은 소홀히 하는 경향이 있어 각종 스트레스나 불안, 우울, 소외감 등 정신적 장애를 호소하는 사람이 많은 실정이다. 한국 사회에 깊숙이 만연된 허무주의의 반영 지표가 대표적으로 자살 지표로 드러나고 있다.

또한 혼밥, 혼술, 혼놀로 대표되는 '혼족 사회'의 도래는 기존 공동체나 전통적 가치관의 붕괴와 더불어, 자신의 존재 근거를 자기 자신에게서 찾을 수밖에 없는 개인주의의 전형으로 이전의 것을 대체하게 되었다(박상환, 2005). 이러한 패러다임의 변화로 인해 죽음 또한 물화(物化), 허무화(虛無化), 개인화(個人化)되었다. 실존적 의미를 갖는 '죽음'의 유의미적 체험이 급격하게 감소되었고, 죽음은 더 이상 '중요한 사회화 대상'으로 여겨지지 않게 되었다(천선영, 2012). 이에 따라 이전에 가족이나 공동체가 함께 감당하고 나누었던 죽음과 관련

한 괴로움은 온전히 개인이 감내해야만 하는 몫이 되었다.

코로나 시대 죽음을 애도할 수 없는 문제는 많은 문제를 낳고 있다. 사별사건은 삶에서 거쳐야 할 일생의례 중에서 가장 큰 사건 중에 하나이며, 그 심각도에 따라 우울과 공포의 근원으로 자리잡기도 한다. 불교에서도 가족이나 연인, 친구 등과 같이 서로 사랑하는 사람과의 헤어지는 괴로움을 팔고(八苦) 중에 하나로 정리하고 있다. 사별(bereavement)로 인한 비애감(grief)은 죽음의 괴로움과 헤어짐의 괴로움을 병합한 것이기에 가장 파괴적이고, 살아남은 자의 생활 전반에 걸쳐 심각한 위기를 초래한다.

인류문화에서 죽음의례는 그 시대 사람들에게 함께 공유되는 시대적, 사회적 관념을 담고 있기에 애도되지 못한 사별 경험은 정상적이지 못한 죽음으로 인한 문화적 비정상성으로 인식된다. 특히 우리 문화에서 비정상적으로 죽음의례를 치른 사람들은 고인을 두려움의 대상으로 여기거나 스스로 자신을 체벌하는 행동에 빠져들어 많은 문제들을 야기하기도 한다. 실제 사별로 인해 영향을 받는 이는 죽은 사람이 아니라 살아 있는 사람들이다. 남겨진 가족이나 그를 아는 지인들은 고통의 과정에서 일상의 위기와 변화를 경험한다. 물론 많은 경우 이러한 시련과 고통을 극복하고 현실을 수용하기도 하지만, 어떤 경우에는 고인에 대한 기억과 고인이 남겨준 유무형적 유산들을 현재의 삶 속에 다양하게 투사하면서 정신적, 심리적, 건강상의 위기를 겪기도 한다(스트로베Stroebe, 2010).

이러한 애도되지 못한 사별 경험을 한 개인은 사별 경험의 모든 책임을 혼자서 지는 '호모 사케르(Homo Sacer)'[32]가 되어 살아 있지만 죽은 사람처럼 취급받으며 살아갈 수 있다. 이에 팬데믹 시대라는 엄청난 환경적 스트레스 속에서 변화된 죽음과 애도문화에 대한 여러 단상들을 정리하고, 지난 세기 죽음을 금기시하고 사사화(私事化)했던 것을 성찰하여 존엄한 삶, 존엄한 죽음을 맞이하기 위한 몇 가지 대안을 제시하고자 한다.

1. 코로나19가 불러온 문제들

1) 죽음의 소외화 현상

코로나19 이후 인간을 대하는 현상 중에 가장 모순적인 것이 몸에 대한 관념이다. 살아 있을 때는 몸에 대한 존중과 경계가 분명하여 많은 노력과 공을 들이지만 죽었을 때는 시신이라 하여 물건 취급하듯이 폐기되는 사례들을 속속들이 보여주었다.

특히 전염성 감염병에 대해 미처 대비하지 못했던 세계 곳곳에서는 시신이 냉동고에 쌓이고, 넘쳐나는 무연고 사망자 시신들을 감당

---

32 고대 로마 사회에 있던 기이하고 특이한 존재인 '호모 사케르'는 배제 속에서 작동하는 벌거벗은 생명으로, 직역하면 신성한 생명이지만, 희생물로 바치는 것은 허용되지 않으면서 그를 죽이더라도 살인죄로 처벌받지 않는 자들을 말한다. 이들은 생물학적으로 살아 있지만 권리와 희망을 대부분 박탈당하고, 생과 사, 내부와 외부의 경계 지역으로 내몰리는 사람으로, 벌거벗은 생명으로 죽은 자와 다름없는 삶을 살아간다.

할 수 없어 냉동 트럭을 이용해 집단매장을 진행하기도 했으며, 시간과의 접촉을 최소화하기 위해 드라이브 스루(drive thru)라는 형식의 5분 장례식이 거행되기도 했다.[33] 이러한 과정을 통해 죽음은 사물로 취급되고 있으며 특히 전염병에 걸린 사람들의 시신은 몸이 아닌 오염원으로 취급되는 것이 현실이 되어 버렸다. 견디기 어려운 것은 자신의 죽음은 볼 수 없기에 타인이나 가족의 죽음을 통해 자신의 인격권이나 존엄성은 살아 있을 때만 유효할 뿐 죽고 나서는 유효하지 않다는 이중적인 현실을 목도해야 하는 것이다. 그럼에도 불구하고 죽은 이의 존엄을 위해 각종 문양의 의례와 장례를 엄숙히 거행해야 한다는 모순 속에 살고 있다.

한편에선 불멸에 대한 신화로 죽음 문제를 해결하고자 의과학의 많은 재원들이 늙지 않고 죽지 않는 방법에 대해 찾기 위해 노력을 기울이고 있다. 구글(Google)의 바이오벤처 자회사 '칼리코'(Calico)는 '죽음의 해결'(solve death)을 목표로 창립하여 막대한 자금을 쏟아붓고 있으며, 수많은 과학자들은 불멸을 실현해줄 생명의 묘약을 찾기 위해 애를 쓰고 있다. 이러한 이면에는 삶의 의미나 진리를 추구하기보다는, 젊고 건강하게 오래 사는 것만 삶의 미덕인 양 집착하는 모습이 있다. 이 과정에서 죽음이 금기되고 극복해야 할 목표로 인식될

---

33 드라이브 스루 장례식에서는 접촉을 최소화하기 위해 시신을 실은 운구차가 성당 앞에 서면, 가톨릭 사제가 나와서 기도문을 외워주고 성수를 뿌린다. 유가족들은 마스크와 장갑을 착용한 채로 먼발치에서 그러한 모습을 바라보는 것으로 추모와 애도를 대신한다. 한 사람의 장례예식에 소요되는 시간은 불과 5분여 남짓이다. 이 같은 간소화된 장례 절차는 갑작스럽게 발생한 다수의 사망자에 대한 시설 부족과, 장례 절차의 순간에도 여전히 감염의 위험이 잠재하고 있다는 점에 따른 불가피한 조치였다고 한다.

뿐 아니라 죽음을 미리 생각하여 부정적인 감정에 빠질 필요가 없다고 조언하기도 한다.

죽음이 금기시되고 부정되는 이러한 과정에서 사람들은 죽음을 우리의 삶에서 배제해버린다. 삶의 한가운데 항상 있는 것을 없다고 부정한다면 없어지지 않는 것이 죽음이기에 오히려 죽음의 소외화 현상은 가속화할 것이다. 현실에만 지나치게 집착하며, 자기 자신뿐만 아니라 주변의 죽음에도 무관심해지는 그야말로 무정 사회가 확산될 전망이 보인다.

죽음을 시신과 같은 물리적 물질로 취급하든, 영생에 대한 불멸을 추구하며 지나친 물질주의와 쾌락주의에 빠지든, 분명한 것은 그 속에 죽음은 없다는 것이다.

2) 애도문화의 간편화 현상

코로나19 이후 비접촉을 강조하는 문화 속에 애도문화가 축소화되고 간편화되고 있다. 일반적으로 코로나 방지를 위해 가족 중심의 간소한 장례와 문상 시 최소 인원 제한, 조문객에게 악수 대신 목례인사, 방문자 수 제한, 장례식장에 머무는 시간 제한, 식사 금지 등 수많은 장례수칙이 제정되어 실시되었다. 물론 지금은 많이 완화되어 진행 중이지만 여전히 이러한 영향력은 적잖이 애도문화에 영향을 미치고 있다.

실제 장례문화 관계자들의 증언에 의하면 사회적 거리두기, 집합

금지 조치가 시행되면서 외출에 대한 심리적인 불안감이 작용하면서 장례식장을 이용하는 조문객 수가 대폭 줄어들었다. 이런 현실을 반영해 가족장, 무빈소, 하루장 장례식 등 차례 절차를 간소화한 '작은 장례식'이 생기고 있다.

작은 장례식은 언택트 문화와 타인에게 짐이 되기 싫어하는 사람들의 심성들이 결합되면서 고인에게 예를 다하면서도 의미를 추구하는 사람들의 문화로 자리잡기 시작했다.

하지만 죽음으로 인한 사별 경험을 지원하고 애도하는 기능으로서 애도문화는 문화적으로 이미 익숙해져 돌아가신 날을 기점으로 3일장을 치른다. 실제 직장에서 친상을 당하면 삼우제가 끝나는 날까지 휴가 처리를 하기에 최소한 직장에서도 일주일간의 기간을 보장하고 있는 셈이다. 이는 애도하는 과정에서 시간과 여러 사회적 지원이 필수라는 인식이 있기 때문이다. 코로나19로 인해 고인뿐만 아니라 상주 · 조문객 세대가 모두 고령화하는 시대에 애도문화의 축소화는 다가올 미래가 될 수밖에 없지만, 이것이 애도를 박탈하거나 생략하는 비인간적인 문화가 되지 않아야 한다는 우려들도 존재한다.

2021년 3월 17일 〈한겨레〉와 공공의창 · 웰다잉시민운동 · 한국엠바밍의 의뢰로 실시한 여론조사[34](3월 10~11일 성인 1천명 조사 · 신뢰수준 95% 표본오차±3.1%포인트)에 의하면 장례를 간편하게 치르자는 문화가 확산하는 가운데 성인 10명 중 6명이 이같은 장례문화의 변화를 긍정적으로 평가한다는 조사 결과가 나왔다.

---

34 문상 줄고 가족 중심 추모로 "코로나가 바꾼 장례문화 바람직", 〈한겨레〉, 2021년 3월 17일, 성인 1천명 조사

[그림 2] 코로나19 이후 한국 장례문화의 변화 설문조사

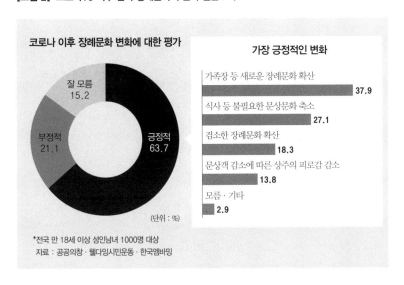

코로나 이후 장례문화 변화에 대한 평가

잘 모름
15.2

부정적
21.1

긍정적
63.7

(단위 : %)

*전국 만 18세 이상 성인남녀 1000명 대상
자료 : 공공의창 · 웰다잉시민운동 · 한국엠바밍

가장 긍정적인 변화

가족장 등 새로운 장례문화 확산   37.9
식사 등 불필요한 문상문화 축소   27.1
검소한 장례문화 확산   18.3
문상객 감소에 따른 상주의 피로감 감소   13.8
모름 · 기타   2.9

결과를 보면, 응답자의 63.7%가 코로나19 이후 장례문화 변화에 대해 긍정 평가(부정 평가 21.1%)를 내렸다. 응답자의 58.2%는 "코로나19로 한국 장례 문화에 변화가 있다"고 답했는데, 특히 전통 장례 문화에 익숙한 세대인 50대(64.6%)와 60대(63.2%)에서 "변화가 있다"는 답변이 평균보다 높게 나타났다. "변화가 있다"고 답한 응답자들은 상주 입장에서 가장 큰 변화로 "계좌이체 등 조의금 문화(31.9%)"를 꼽았다. 문상객 방문자제(16.1%), 접객문화 변화(14.6%), 가족장(14%) 등이 뒤를 이었다. 장례 컨설팅 전문업체 예송의 강형구 대표는 "기존에는 궂긴 소식을 알리는 문자 안에 계좌번호를 적는 사례가 많지 않았는데, 코로나19 이후에는 흔히 볼 수 있게 됐다"고 말했다. 조문객 입장에서 가장 큰 변화는 "문상을 꺼리게 됐다"(39.8%)

201

였고, "계좌이체·가족장 등 새로운 장례문화"(33.7%), "식사를 안 한다"(9.5%) 등이 뒤를 이었다. 장례문화기업 꽃잠의 유종희 대표는 "코로나19 이후 무연고자나 비용을 줄여야 하는 특수한 경우가 아닌데 작은 규모나 무빈소 장례식을 진행하는 사례가 늘었다"고 말했다.

전체 응답자의 76.8%는 문상 이후 장례식장에 머무는 시간이 "코로나19 이전보다 줄었다"고 답했다. 2021년 1월 친구 어머니 장례식에 조문하러 다녀온 정아무개(26) 씨는 "코로나19 전에는 고인을 잘 모르는 경우에도 장례식장에 가야 하는 부담이 있었는데, 이러한 부담이 줄었다. 장례식장에 가도 머무는 시간이 짧아졌다"고 말했다. 장례문화 변화에 긍정 평가를 내린 이들(63.7%)은 "가족장 등 새로운 장례문화 확산"(37.9%), "식사 등 불필요한 문상문화 축소"(27.1%), "검소한 장례문화 확산"(18.3%), "문상객 감소에 따른 상주의 피로감 감소"(13.8%) 등을 이유로 꼽았다.

반면 부정적이라고 답한 응답자(21.1%)들은 "고인과 상주를 위로해주지 못하는 삭막함"(62.5%), "죽음을 통한 사회적 교류의 구심점이 사라짐"(17.5%) 등을 장례문화 변화의 그늘이라고 답했다. 응답자 대부분은 코로나19가 종식되더라도 장례문화는 이전과 달라질 것이라고 전망했다. "코로나 이후 한국 장례문화가 어떻게 변화될 것으로 전망하냐"는 질문에 응답자들은 "1·2일장 및 무빈소 장례문화 확산"(29.8%), "장례식 중 화장문화 확산"(20.7%), "밝고 긍정적인 죽음맞이 문화로의 변화"(16.3%), "아름다운 모습으로 기억되길 원하는 장례문화 확산"(14.5%) 등을 장례문화의 '뉴노멀'로 꼽았다.

이에 대해 황규성 한국엠바밍 대표는 "앞으로도 비대면 장례문화로의 전환이 이루어지고, 문상·식사 대접 등 유족 중심에서 가족장·사전 장례준비 등 고인 중심 문화로 바뀔 것"이라고 내다봤다. 원혜영 웰다잉시민운동 대표는 "기존의 우리 장례문화는 고인 추모보다는 자녀 등 연고자 중심의 문화였다. 코로나19가 이에 대한 성찰과 변화의 계기가 된 것"이라고 말했다.

3) 의료방역에 밀려난 인간의 존엄성

퀴블러로스는 현대인이 가장 비인간적으로 변질된 곳이 '병원 응급실'이라고 했다. 대부분의 사람들은 병원에서 의사들의 진단을 받고 죽음의 공포를 느끼기 시작한다. 코로나 의심으로 병원에 도착한 사람들은 의사들의 진단을 통해 코로나 환자인지 아니면 정상인지를 판정하고 그로부터 죽음의 5단계(부정-분노-타협-우울-수용)를 경로 없이 경험하게 된다. 실제 코로나의 판정이나 치료나 완치가 모두 의사들의 판정에 기인한다. 환자의 몸은 의사의 결정에 따라 의학적 대상이 되거나 병원체로 취급받아 봉쇄, 격리, 죽음에 이르는 경험을 하게 된다. 엘리아스는 이런 면에서 현대의 의학기술을 "악취 없이 신속하게, 죽음의 병상에서 무덤으로 너무나 완벽하게 기술적으로 처리"한다고 비판했다. 과연 의료인이나 의료기술이 인간의 존엄성이 살아 있는 생명체를 지켜주려고 노력하고 있는지 강한 의구심이 들 때가 많기 때문이다.

코로나 상황에서 죽음은 인간의 통과의례로서 존중받기보다 하나의 물질로 다루어지고, 특히 코로나로 전염되어 죽은 망자의 시신은 '전염된 혐오물질'로 즉시 소각할 기피와 격리의 대상이 된다. 그래서 많은 사람들이 자신이 그런 취급을 받는 것에 놀라 코로나19에 대한 과도한 공포증과 불안증을 호소하고 있다. 지금도 코로나가 의심되면 확진 유무와 상관없이 스스로 자가격리하고, 심지어 자신이 코로나에 걸렸다는 사실을 숨기고 있다는 수많은 보고가 있다.

매니토바대학 연구진은 "환자가 어디에서 사망하든 존엄성만큼은 바이러스에 잠식당해선 안 된다"고 했다. 국제적십자위원회(ICRC) 역시 장례방식의 가이드라인을 정하면서 "전쟁 중에도 시신은 존엄을 지키며 정중하게 다뤘다"고 강조했다. 이는 선제적인 방역이 고인을 떠나보내는 가족에게 애도할 수 있는 권리를 박탈할 수 있으며 먼발치에서 발만 구르며 가슴을 쳐야 하는 현실이 시대의 아픔이 되었다는 걸 의미한다.

인간은 누구나 존엄한 존재로 태어나 존엄하게 죽을 권리가 있다. 생명을 가진 모든 인간을 누구든 존중할 가치가 없는 것으로 평가해서는 안 되며, 비록 죽어가는 사람이라 할지라도 그는 아직 '살아 있는 인간'으로서 존중받아야 한다. 인간의 죽음을 의료적인 문제나 경제적인 논리로만 볼 것이 아니라 몸과 마음, 영혼을 가진 존재로서 몸의 건강, 정신적 건강, 사회적 건강, 영혼의 건강을 존중받고 이해받을 때, 인간은 존엄성이 살아 있는 실재가 된다.

4) 디지털 애도문화의 조성

중세 흑사병의 창궐이 절망과 포기가 아닌 새로운 죽음문화와 애도의례를 만들어냈듯이, 최근 코로나19로 인한 애도문화 역시 새로운 문화로 변화하고 있다. 사실 애도의 목적은 죽음을 단절하는 것이 아니라 기억하고 연대하는 것이다. 이러한 문화적 흐름으로 디지털 문화의 흐름이 나타나고 있다. 긍정적 기억문화로서 인터넷 커뮤니티를 활용한 사이버 추모 포털과 추모 사이트 등이 나타나고 있다.

1990년 처음 등장한 온라인 부고와 온라인 묘지는 사이버 장례문화의 일부로 정착되고 있는데, 방문과 접촉이 제한된 뉴노멀 시대에 가상공간을 활용한 사이버 장례식이 나타나고 있다.

우리나라에서도 2020년 시작한 한국장례문화진흥원의 'e하늘 온라인 추모·성묘 서비스'는 공개된 지 14일 만에 이용자 수 23만 명을 기록했다. 이 서비스에서 유족이 고인의 영정 사진을 온라인 누리집에 등록할 수 있고, 분향, 상차림, 헌화 등 이미지를 선택해 온라인 추모관을 꾸미고 있다. 고인을 추모하는 영상을 메신저나 SNS로 친척에게 공유해 가족이나 친지와 공유해 고인을 추억하는 방식이다.

이러한 사이버 애도(cyber mourning) 자원은 고인을 추모하는 방법으로, 유족에 대한 개입 방법으로, 사별과 애도 과정에 대한 연구를 진행하는 방법으로 이용된다(스트로베Stroebe, 판 데르 하우벤van der Houwen, & 슈트Schut, 2008). 몇 가지 예를 들면 다음과 같다.

첫째, 코로나로 장례식에 참여할 수 없거나 거리 문제로 직접 조문이 어려운 사람들에게 사이버 조문관, 장례식, 추도식을 실시간 중계하거나 녹화하여 함께 애도할 수 있도록 한다. 종교기관에서는 소셜 미디어를 활용하여 임종미사, 임종사역, 임종동반을 실시하여 각 종교의 경전문구와 함께 기억해야 할 의식들을 보여줌으로써 고립된 채 임종을 맞이하는 사람들을 돕기도 한다.

둘째, 추모 페이지로 가족, 친구 등 고인에 대한 생각을 인터넷에 올리고 고인의 가족과 친구들에게 조의를 표할 수 있다. 이 추모 페이지는 기일이거나 의미가 있는 날에 온라인 추모 촛불을 켜거나 추도, 추모 예술, 사진 프로젝트 등을 게시하여 고인의 죽음이나 장례식을 알리고 추억하며, 고인의 삶을 기념하기 위해 사용할 수 있다.

셋째, 인터넷 기반 개입을 위한 사이트나 지원 사이트로 다양한 유형의 상실과 진단으로 고통받는 사람들을 위한 온라인 치료를 제공하기도 한다. 이러한 인터넷 기반 개입은 심리상담 치료사에 의해 수행되는데, 외상 후 스트레스 장애, 우울증, 그리고 연장된 비탄 장애, 박탈된 비탄을 겪고 있는 사람들을 도울 수 있다.

넷째, 동료 지원 자조 페이지로 자연재해(홍수, 태풍, 지진), 대규모 사고, 기타 재난 후에 만들어진다. 웹 사이트를 통해 현재 자신의 감정과 질문을 표현하여 재난 극복에 도움이 되며, 자신과 함께하는 지역사회의 구성원으로 자부심을 느끼게 하는 데 효과적이다(아호Aho, 파빌라이넨Paavilainen & 카우노넨Kaunonen, 2012).

다섯째, 고인과 의사소통할 수 있는 고인 이름의 페이스북 페이지가 있어 비록 사망했지만 방문객들은 정기적으로, 부정기적으로 자신들의 생각, 감정, 질문을 표현하는 편지 형식으로 이 페이지를 사용한다. 고인과의 소통 페이지는 의미 만들기의 목적으로 사용되며 지속적인 유대감을 형성하기 위해 사용된다(벨 베일리Bell, Bailey & 케네디 Kennedy, 2015; 디그룻DeGroot, 2012; 어윈Irwin, 2015).

이처럼 사이버 애도는 코로나와 같은 언택트 시대에 애도를 할 수 있는 가상공간을 창출하여 고인을 추모하고 기억하기 위한 대안의 공간으로 활용되고 있다.

2. 애도 공동체를 제안하며

코로나19로 변화된 삶과 죽음에 대한 인식은 새로운 애도문화로의 변화를 끌어내고 있다. 역사적으로 애도문화는 다양한 사회적 위기 속에서 만들어지고 결정되며 오랜 시간 우리의 문화를 형성한다. 『죽음의 역사』에서 살펴보았듯이 사회경제적 위기가 닥쳐오면 실제 죽음문화도 종교적 전통문화에서 죽음의 세속화로 변화가 이루어진다. 집안에서의 죽음이 병원에서의 죽음으로 변화되었고, 매장문화는 화장문화로 변화했다. 죽음의 기술화가 급속도로 진행되었으며, 죽음의례의 의미보다 실용적이며 간편한 문화로 이행되었다. 아리에스가 주장한 것처럼 묘지문화는 그 사회의 애도문화를 상징적으로 보여주는 축소판이며 그 사회와 공공성의 거울로 기능한다는 의미에서 지금의 애도문화는 우리 사회의 한 측면을 잘 보여주고 있다고 말할 수 있다.

1) 포스트 코로나 뉴노멀에 대해

최근 테드로스 아드하놈 게브레예수스 WHO 사무총장은 코로나 바이러스에 의한 팬데믹을 언급하며 "우리는 아직 그곳에 도착하지 않았지만, 끝이 보인다"고 말했다. 테드로스 사무총장의 이 발언은 WHO가 지난 2020년 코로나를 팬데믹으로 부르기 시작한 이후 가장 낙관적인 평가다. 그러나 코로나 이후 세상에 대해서는 아직은 누구도 예측하기가 쉽지 않다. 다만 코로나 이후 '세계 미래의 현실이 우리가 살아온 과거와는 다를 것이다'[35]라는 점만은 분명해 보인다. '포스트 코로나 뉴노멀'은 코로나 이후 시대 변화에 따라 이에 대응하고자 새롭게 떠오른 표준을 의미하는데, 코로나가 끝나도 뉴노멀은 계속될 것이다.

몇 가지를 정리해보면 다음과 같다.

첫째, 세계화에서 지역 블록화로 급속도로 진행되고 있다. 과거 자유무역과 세계화를 지향했던 문명사가 일순간에 '사회적 거리두기'라는 명분을 통해 도시적 삶은 정부가 필요에 따라 통제할 수 있고, 국가간의 관계도 필요에 따라 국경을 폐쇄하고 입국을 언제든지 막을 수 있는 세상이 되면서 '글로벌라이제이션(globalization)'의 문제점이 심각하게 드러나고 있다. 이는 우크라이나 전쟁처럼 국제공조가 없어지거나 필요에 따라 블록화를 추진하며 경제위기 지속, 수입 감소, 실직과 불황같은 부정적인 사회경제적 위기를 지속시킬 가능성이

---

35 코로나19 팬데믹에 대해 칼럼리스트 토머스 프리드먼(Thomas L. Friedman)은 우리 사회는 B.C.(Before Corona)와 A.C.(After Corona)로 구분될 것이라고 언명했다.

높아지고 있다.

둘째, 감염병이 언제 어디서든지 창궐할 수 있는 상황으로 바뀌고 있다. 제레미 다이아몬드(Jared Mason Diamond)의 『총 균 쇠』나 윌리엄 맥닐(William H. McNeill)의 『전염병과 인류의 역사』의 주장처럼 이제 전염병이 인간 역사의 배경이 아니라 전면에 등장했다는 것이다. 질병 원인 연구를 통해 전염병(contagious disease) 대신에 감염병(infectious disease)이란 용어 사용을 권장하고 있다. 보통 전염병은 사람과 사람 사이에 직간접적으로 전파·확산하는 질병을 뜻하는 반면, 감염병은 곰팡이, 박테리아, 바이러스 같은 병원체가 사람에게 침입하여 피부나 점막, 체액 등에 정착해서 개체 수를 늘려가기 때문에 발생한 질병을 말한다. 2020년 세계경제포럼(WEF) 사이트에 게재된 IPBES 보고서에서는 포유류, 조류 등 생물체 속에 약 170만 개에 달하는 '아직 발견되지 않은(undiscovered)' 바이러스가 살고 있다고 추정했으며, 환경 변화로 인해 인간에게 감염시킬 가능성이 있는 바이러스의 수가 82만 7천 개에 달할 것으로 추산하고 있다. 인간이 생태계 공간에 침범하고 인간 욕망의 실현을 위한 활동을 멈추지 않는 이상 감염병의 재출현은 기정사실로 받아들여야 한다는 것이다.

셋째, '비접촉' 문화와 사이버 공감의 확대, 개인주의 심화로 포스트 코로나의 문제들을 온전히 개인이 알아서 고통을 감내하는 새로운 호모 파티엔스(Homo Patiens)[36]가 출현하고 있다. 이미 가족 구조

---

36 정신의학자 빅토르 프랑클은 1951년 「호모 파티엔스」라는 논문을 발표했다. '호모 파티엔스'는 받아들이고, 피해 입고, 괴로워하며 녹아든다는 의미를 담은 라틴어 'patior'에서 나온 말로 '괴로워하는 사람'이라는 뜻이다.

의 재편과 개인주의, 혼족의 문화로 1인 가구가 전체의 40%를 넘어
서는 현실에서 코로나로 인한 질병의 불안은 우울증, 공포증, 분노조
절장애 등 심각한 정신증의 문제를 드러내고 있다. 이러한 포스트 코
로나 뉴노멀에 대해 부정적 정서와 냉소주의가 SNS 텍스트에 잘 표
현되고 있다.[37]

> 우울증 환자들이 늘어나고, 자영업자들은 눈물 흘리며 줄폐업하고,
> 알바생과 회사원들은 일자리를 잃고 실업자 신세고,
> 길거리에는 온통 포장배달 쓰레기들뿐이다.
> 이것이 바로 코로나가 바꾼 새로운 일상 '뉴노멀'이다.
>
> — 천성길@chunsungkil · Jan

> 포스트 코로나! 가진 자의 우월함 확인될 테고~
> 못 가진 자 중 포기와 사활일 테고~
> 인간 죽음 가벼움이 체험될 것.
>
> — Onassis@bejkTwolKsDJnBr

이처럼 포스트 코로나 뉴노멀은 우리에게 많은 과제를 안겨주고
있다. 이는 뉴노멀 애도문화에서도 반영되고 있다.

첫째, 포스트 코로나 뉴노멀의 부정성으로 인해 '위기의 상시화',
'죽음의 부정성'은 더욱더 심화될 것이며, 고독사나 무연고사 등 우발

---

37 안명숙, 「포스트 코로나 뉴노멀에 대한 대중감성 연구: 소셜미디어(SNS) 빅데이터 분석을 통해」,
The Journal of the Convergence on Culture Technology (JCCT), Vol. 8, 2022 참조

적 죽음의 피해자와 유가족들에 대한 사회적 추모의 필요성이 많아질 것이다. 또한 인공지능에 대한 논의를 통해 탈육화 개념을 기반으로 '포스트 휴먼'에 대한 논의로 나아갈 것이다.

둘째, 코로나 이후 재정의된 라이프 스타일로 '언택트 문화', '비대면'의 일상화를 지속시킬 인공지능 등 디지털 기반의 비대면 산업이 애도문화에도 깊숙이 자리잡을 가능성이 높다. 하지만 죽음의 부정성 이면에 여전히 죽은 자를 애도하고 기억하고자 하는 측면에서 사이버 애도문화 공간은 넓어질 것이다. 이로 인해 죽음을 삶의 일부로 수용하고 지속적 유대를 실천하는 공간으로 새로운 추모문화로 자리매김할 것이다.

셋째, 코로나 위기는 마음건강 위기로 연결될 수밖에 없기에 이에 대한 관심이 높아지고 있다. 위기에 취약한 노인, 청소년, 대학생, 다문화 가정, 우울증, 신체질환, 중증 정신장애인, 긴급 경제지원이 필요한 중년 남성, 재난지역, 자가 격리자, 유가족, 치료 의료진 등이 포스트 코로나 시대의 위험군으로 분류되고 있다. 이에 대한 치료와 사회적 힐링에 대한 지원이 논의되고 있다. 이에 따라 '공동체의 건강'(public health)과 모듈형 애도치료와 상담을 위한 지원 체계에 대해 논의가 진행되고 있다.

이처럼 포스트 코로나 뉴노멀은 방향이 정해졌으되 구체화되는 과정은 여러 변수의 작용에 의해 움직일 것이다. 지난 인간의 역사에서 죽음의 역사가 늘 공존하며 새로운 문화를 형성했듯이, 코로나19라는 감염병이 이미 우리와 함께 산다는 관점에서 새로운 의지와 희망을 설계하는 것이 필요하다. 코로나 이후의 삶을 위해 죽음에 대한 새로운 인식과 애도문화에 대한 이해는 지금 위기의 해법을 구하는 과정이며, 희망과 경각심과 변화의 측면에서 이를 이해할 때 위기를 기회와 희망으로 바꿔내는 역사가 될 것이다.

2) 애도 코뮤니타스

"사멸하기 때문에 삶이 아름다운 것이 아닐까요?"

영화 '목숨'으로 유명한 다큐멘터리 감독 이창재 교수와 인터뷰를 하던 중에 그가 던진 말이다. 이 말의 의미가 무엇인지 궁금하기도 하고 의아하기도 했다. 죽는 것이 아름답다는 것일까, 죽음을 통해 아름다움이 발현된다는 것일까. 그에게 더 이상 묻진 않았지만 그가 했던 말은 시간이 지나도 귓가에 오래 맴돌았다. 죽음 앞에 서면 뭔가 특별한 의미를 깨닫고 살아갈 것 같지만 삶을 아름답게 마무리하기란 쉽지 않은 일이기 때문이다.

인생에서 가장 아름답고 행복한 순간을 화양연화(花樣年華)라고 한다. 사람들에게 행복한 순간이 언제였는지 물으면 다양한 에피소드를 꺼낸다. 대부분은 과거에 있었던 일들이고 그 시간을 추억하며 그리움과 행복감에 젖는다. 우리는 왜 지금 이 순간의 행복감을 느끼지 못하고 과거의 기억을 행복이라고 추억할까. 우리는 왜 당신이 나의 행복이라는 말을 당시엔 말하지 못하고, 그가 떠난 이후에야 빈자리를 느끼며 그가 내게 얼마나 큰 행복이었는지를 깨달을까.

"어차피 장례식은 산 사람을 위한 거예요.

그러니 아무도 없으며 신경 쓸 사람도 없죠.

사실 살아 있는 사람들은 모르는 게 낫죠.

장례식도 슬픔도 눈물도 없는 게."

_ 영화 '스틸 라이프'의 대사

이 대사는 영화 '스틸 라이프(Still Life)'의 주인공, 존 메이에게 그의 상사가 던지는 말이다. 영화에서 주인공은 고독사한 사람들을 찾아내고, 유품을 근거로 고인의 유가족이나 지인들에게 장례식을 알리며, 고인에게 맞는 추도식을 준비하는 일을 한다. 말하자면 고독사나 홀로 죽는 사람들을 위해 정부나 지자체가 해야 할 일을 하는 공무원인 셈이다.

시대의 변천에 따라 장례문화와 애도문화도 많이 바뀌고 있다. 1970년대만 해도 대개 집에서 장례를 치르고 매장을 했지만, 1980년대 이후부터는 장례식장에서 장례를 치르고 화장을 하는 문화로 바뀌었다. 변화의 주기도 점점 짧아지고 있는 듯하다. 실제 일본에서는 3일장도 길다는 인식이 생겨 하루장, 심지어 반일장도 진행되고 있다고 한다.

사회문화의 변화에 따라 애도의 형식과 문화가 바뀌는 것은 자연스러운 현상일 것이다. 그러나 그 의미를 잃어버리면 어떻게 될까. 삶을 올바르게 직시하는 사람은 자신의 죽음을 진지하게 생각하기 마련이다. 인간의 '존엄성'이란 삶에만 국한되는 것이 아니라 죽어가는 과정과 죽음의 전 과정에도 적용되기 때문이다. '죽음의 존엄성'이란 삶의 마지막을 보다 평온하게, 인간적으로 맞는 의미를 포함하여 죽음을 성찰하는 삶 속에서 드러난다. 죽음을 생명과 함께하는 자연의 순리라는 것을 외면하고, 죄의 결과나 재수 없는 사건 또는 자신과는 상관이 없는 일이라고 생각한다면, 아무리 좋은 임종시설에 있더라도 결코 존엄한 죽음을 맞이할 수 없을 것이다.

영화 '스틸 라이프'의 주인공 존 메이는 홀로 사는 사람이다. 그는 고독하고 외로웠으며 그의 삶은 단조롭고 지루했다. 그래서 그는 죽은 자의 유품을 통해 취향과 애도를 위한 소재를 찾아내고 죽은 자의 사진을 자신의 사진첩에 모아놓는다.

영화를 보며 새삼 애도란 무엇인가를 생각했다. 애도는 기억하는 것이 아닐까. 우리는 장례를 통해 죽음을 경험하지만 그것은 몸의 죽음일 뿐이다. 고인의 마음은 죽지 않고 남아 애도를 통해 그가 생전에 관계를 맺었던 사람들의 저장된 기억을 통해 경험된다. 『존엄한 죽음의 문화사』의 저자인 구미래는 '존엄한 죽음'을 살아 있을 때에는 죽음을 성찰하는 죽음준비의 문화, 생의 마지막 순간에는 임종의 문화, 사후에는 마치 살아 있는 것처럼 대하는 애도의 문화라고 했다.

애도는 사랑하는 누군가를 잃었다는 고통스러운 마음, 외부 세계에 대한 관심의 상실, 사랑할 수 있는 능력의 상실로부터 시작되며, 이에 따른 부정적 심리 상태를 경험한다는 것을 의미한다. 시간이 흘러가면서 점차 슬픔과 고통을 딛고 기운을 회복하여 '대상 상실' 이후 '대상 포기'로 이어지는 과정을 마무리하고, 죽은 사람을 마침내 잘 떠나보내게 된다. 그래서 애도는 한마디로 기억에 대한 '웰바이(well-bye)'다.

다시 영화로 돌아가보자. 갑자기 정리해고를 당한 주인공은 마지막 의뢰인 '빌리 스토크'의 장례를 준비하며 22년 동안의 공무원 생활을 마무리하려고 한다. 빌리 스토크는 딸에게 폭력적인 아버지였고, 알코올 중독자였으며, 거리를 배회하는 노숙자로 홀로 생을 마감했다. 그러나 주인공은 생전에 함께했던 동료들, 가족, 거리 위의 노숙자들로부터 그에 대한 새로운 기억을 찾아낸다. 그리고 마침내 그의 딸 켈리 스토크를 찾아내고 이렇게 말한다.

"아, 비석을 봐야죠.
적색 화강암이란 건데 빨갛진 않고 적갈색이에요.
부친께서 군대에서 쓰시던 베레모 색깔이에요.
마지막 가는 길이 외롭지 않도록."

딸은 폭력적이었던 아버지에 대한 기억 때문에 힘들어 하지만, 타인임에도 불구하고 음악이나 비석의 색 등 고인의 취향과 인생을 고려해 세심하게 선택하는 존 메이를 보고 장례식에 참여하기로 한다.

이웃에 누가 사는지도 모를 만큼 단절돼가는 현대 사회라지만 존 메이 같은 사람이 어딘가에는 있지 않을까. 고독이 고독을 공감하고, 슬픔이 슬픔을 위로한다 해도, 그것만으로도 충분히 위로와 공감이 될 때가 있다.

코로나19는 누구나 죽을 수 있다는 당연한 사실을 상기시켰다. 죽음에 대한 불안과 공포는 사람들의 폐부에 각인되면서 죽음을 새롭게 인식하고 성찰해야 한다는 생각들이 확산되고 있다. 죽음의 기술을 회복하고 죽음을 준비하는 오랜 전통을 존중하며 애도의 공적 기능을 부각시키며 끌어내야 할 때다.

이를 위해 애도 코뮤니타스(condolence communitas), 즉 애도 공동체를 구성하기 위한 몇 가지 제안을 한다.

첫째, 애도는 누구나 겪을 수밖에 없는 사별 슬픔에서 다시 삶의 기능을 회복하고 그 길 너머에 있는 또 다른 길을 가게 하는 성장과 성숙의 길이다. 진정한 애도란 고인을 떠나보내는 '망각'에서 시작하는 것이 아니라 '기억'을 통해 고인과의 새로운 관계를 형성하는 것이다. 이를 위해 갑작스러운 코로나19(아니면 또다른 감염병)에 의한 죽음일지라도 유가족들이 애도 과정을 치를 수 있는 방안을 강구해야 한다.

둘째, 인간은 살아 있을 때나 죽었을 때나 존엄한 것이다. 죽어가는 사람들을 경제적인 가치에서 볼 것이 아니라 살아 있는 인간으로서 존엄하게 죽음을 맞이할 수 있도록 준비해야 한다. 이를 위해 팬데믹을, 사회적으로 죽음을 기억하고 죽음의 공적 기능을 부각시키는 새로운 학습의 기회로 삼으면 좋겠다.

셋째, 감염자든 아니든 애도의 문화를 확산해야 한다. 준비되지 않은 채 고인을 떠나보내야만 하는 유족들에게 코로나19 속에서의 사별 경험은 애도를 박탈당할까 봐 불안과 수치감에 사로잡히는 비극이었다. 어떻게 이들을 배려하면 좋을지도 충분히 생각해야 한다.

죽음을 '당할' 것인가,
죽음과 '함께할' 것인가

"세상에 태어날 때 너는 울었지만 세상은 기뻐했으니, 네가 죽을 때 세상은 울어도 너는 기뻐할 수 있도록 그런 삶을 살라."

아메리카 원주민 나바호(Navajo)족은 '메멘토 모리'에 대해 위와 같이 말했다고 한다.

영국 케임브리지 대학에서는 '팬데믹 이후 무엇을 해야 하나?'라는 프로젝트의 일환으로 '좋은 죽음이란 무엇이고 죽음에 대해 어떻게 이야기할 것인가'라는 논의를 시작했다고 한다. 로라 데이비스(Davies) 박사는 죽음의 존엄성을 지키기 위한 문화를 조성하고 정신적 충격이나 고통에 대해 이야기할 수 있도록 다음 네 가지를 제안했다.

첫째, 코로나19가 야기하고 있는 고통을 인정하라.

둘째, 일상적으로 자연스럽게 죽음에 대한 대화를 하라.

셋째, 문학과 예술작품을 적극적으로 탐구하여 죽음에 대한 우리의 생각과 감정을 돌아보고 심화시켜라.

넷째, 질문을 하라.[38]

이는 코로나19로 인해 죽음에 대해 다시금 성찰하고 현재를 이해하는 태도야말로 문제를 통해 새로운 삶과 미래로 나가는 태도임을 말해준다.

여전히 우리 사회는 죽음의 질이 낮은 수준이다. 자살률, 고독사, 무연고사 등 부정적 죽음지표가 증가하고 있다. 이러한 지표는 코로나19에 의해 증폭되어 나타나고 있으며, 사회경제적인 위기, 강해지는 개인주의 성향으로 인한 혼족문화의 일상화, 가족제도의 변화 등 여러 문제에 기인한다. 하지만 죽음마저 혼자서 감당해야 하는 문화에서 일어나는 우리 시대 비극적인 자화상이라 할 수 있다.

정부와 지자체 등을 중심으로 관련 법이나 조례를 제정하거나 공영장례 등 관련 사업을 실시하고 있지만, 현재 감당해야 할 몫이 너무 크기에 쉽지 않은 과제로 부각되고 있다. 매년 자살예방 관련 정책들이 발표되고 사업을 시행하고 있지만, 죽음 관련 질이 개선되지 않는 것은 단순한 정책이나 사업으로 이러한 문제가 해결될 수 없음을 말해준다. 매년 사업안을 만들어내고 관련 정책과 시책이 발표되지만, 왜 개선되지 않는지에 대한 근본적 질문이 필요해 보인다.

죽음은 삶에 대한 거울이라고 한다. 코로나19로 인해 부정적인 죽

---

38 Beyond the Pandemic: What Should We Do? #4 Find better ways to talk about death, https://www.cam.ac.uk/stories/BeyondThePandemic_agooddeath.

음에 대한 인식이 더욱더 증가하고 있다. 이에 비례하여 부정적 죽음의 끔찍한 현실은 현재 우리의 괴로운 삶, 고독생을 반영하는 것이기도 하다. 과연 우리 사회가 살 만한 사회인지, 함께 더불어 살 수 있는 사회를 지향하는지 생각해봐야 한다. 그에 대한 이해가 부족하다면 고령사회, 언택트 시대, 1인 가구 증가, 경제적 빈부의 차이와 같은 구조적인 문제를 해결하는 데 실질적 도움이 되지 않을 것이다. 이 사실을 인식하는 것이 꼭 필요하다.

인간은 관계를 맺으며 살아가는 사회의 구성원이다. 삶의 출발이 환영과 축복에서 시작되었다면 죽음도 함께 더불어 해야 하는 것이다. 포스트 팬데믹 시대는 인간에게 삶의 가치와 죽음의 의미를 새롭게 조망해야 할 과제를 제기하고 있다. 더불어 선진국 백신 독점 사태에서도 나타났듯이 모두 감염병에 걸릴 취약성에 노출되어 있지만, 질병에 걸리고 치료하는 확률은 사회적으로 불평등하게 배분되어 있단 사실도 직시해야 한다.

티베트의 한 린포체(환생한 고승)가 그의 부인과 차를 몰고 프랑스 시골 마을을 여행하게 되었다. 그들은 아름다운 풍경에 감탄하다가 공동묘지 앞을 지나게 되었다. 부인이 이렇게 말했다.

"서양에서는 모든 것이 단정하고 깨끗하군요.
심지어 시신을 안치한 곳조차 먼지 하나 없어요.
우리가 살고 있는 집도 이렇게 깨끗하지 않은데 말이죠."

그러자 린포체는 이렇게 대답했다.

"아! 그래요. 정말 그렇죠.
이 나라는 문명이 발달한 국가니까.
그들은 죽은 시신을 위해 저렇게 놀랄 만한 집을 마련했군요.
하지만 당신도 보지 않았어요?
그들은 살아 있는 시신을 위해서도 멋있는 집을 짓지요."

오직 자신의 욕망과 현실에 매몰될 때 우리는 단조롭고 보잘것없고 되풀이되고 하찮은 것을 위해 삶을 소모한다. 린포체의 말처럼 살아 있는 시신이 되는 것과 무엇이 다를지 생각해볼 일이다. 눈앞에 닥친 현실만 볼 게 아니라, 그 너머에 있는 것을 보려고 할 때 오히려 가치 있고 의미 있는 인생으로 나아가게 되는 건 아닐까. 이 또한 삶이 주는 역설의 지혜일 것이다. 최근 우리 사회를 휩쓸고 있는 코로나가 알려주는 진실은 우리는 언제 어디서 어떤 방법으로든 죽을 수 있다는 것이다. 혼족이 많아진 요즘 시대, 당신의 안부를 묻는다.

"잘 지내나요? 부디 당신이 잘 지내길 바랍니다. 그것이 나와 우리가 잘 지내는 것이니까요. Si vales bene, valeo(시 발레스 베네, 발레오)."

| 감사의 글 |
경험을 공유해주신
11인의 사별자에게
감사드립니다

코로나19로 촉발된 팬데믹이 이제 끝이 보인다며 뉴노멀에 대한 대한 희망적인 소식들을 전하고 있지만 여전히 우리는 죽음 공포와 함께 살고 있습니다. 지난 3년간 귀에 못이 박히도록 들은 말 중에 코로나19 팬데믹, 사회적 거리두기, 마스크, 비대면 등등 예전에는 경험할 수 없었던 말들을 들으면서 지난 3년을 보냈습니다. 혹자들은 코로나19를 전 세계가 경험하면서 과거 코로나19 이전의 세계로 돌아갈 수 없는 경험을 하고 있다고 진단하고 있습니다.

그럼에도 불구하고 우리는 살고 있으며 우리의 생명은 죽음의 공포와 한계를 뛰어넘어 숨쉬고 있는 존재이기도 합니다. 생명이나 삶의 영어식 표현은 'life'입니다. 현재, 과거, 미래에 걸쳐 존재하는 생명 전반의 존재 본질과 현상을 개념화한 말이지요.

생명철학자 유영모는 '생명은 통하는 존재'라는 글에서 생명의 4통을 주장합니다.

"나는 언제나 코에 숨이 통하고
귀에 말이 통하고
마음에 생각이 통하고
영혼이 신에 통하는 삶을 생명이라고 한다.
생명은 통해야 살고 막히면 죽는다."

겨우내 얼어붙어 있던 땅에 봄기운이 스며들면 봄의 기운과 함께 샘솟는 것이 생명이고, 생명을 느끼는 순간 마음도 풀리고 기분도 좋아집니다. 유영모의 말처럼 통하는 것이 삶이고 생명이며 통하지 않으면 죽습니다. 이렇듯 자연을 느끼듯 사람들과 이야기를 나누면서 느끼는 것이 하나 있습니다. 우리는 타인과 간절히 소통하기를 원하는 존재라는 것입니다. 사람을 '인간(人間)'이라고 합니다. 때를 '시간(時間)'이라 하고 빔을 '공간(空間)'이라고 하지요. 이들 말 중에 공통적으로 들어가는 말이 사이 간(間) 자입니다. 다시 말하면 우리는 사이, 관계 속에서 존재합니다. 나는 존재론적으로 생명을 가진 한 개체이지만 이 개체는 내가 아닌 주변이나 환경을 인식하면서 우리라는 개념을 만들어내는 새로운 자기를 만들어내는 인식론적 주체가 되기도 합니다.

그래서 코로나19로 누구에겐 지옥이 되었을 경험이 그냥 지나칠 수 없는 공감과 연민의 대상으로 경험되며 애도와 슬픔 속에서 타자를 지향하는 관계적 존재로 전변하게 됩니다. 코로나19는 단순한 감염병이 아닌 인류문화사에 많은 변화를 가져오고 있으며 이후에도 우리의 삶의 양식에 영향을 미칠 것이라 예기할 수도 있습니다.

이 책에서는 11인의 사례자가 코로나19 시기에 사별 경험을 하면서 자신의 애도가 어떻게 진행되었는지, 개인적 상실의 경험이 인터뷰라는 과정을 통해 어떻게 사회화되었는지를 정리했습니다. 그들의 상실에 대한 기억을 들여다보면 각자의 '기억'대로 고인을 슬퍼하고 추모하는 것은 분명해 보입니다. 생각해보면 우리가 살아온 삶은 과거 기억의 총합이라고 할 수 있습니다. 어떻게 기억하느냐에 따라 과거의 모습이 달라지기도 합니다. 같은 사건을 겪었더라도 사람마다 전혀 다른 기억을 갖고 있는 경우도 종종 있습니다. 세부적으로 누락된 것도 있고 과장된 채 기억된 것도 있습니다. 그러나 분명히 확인되는 것은 아무리 죽음의 공포가 심해도 한계를 넘어서는 초월로의 충동이 우리의 심연에서부터 끓어오르고 있으며 개체적 한계를 넘고자하는 희망과 연대가 지금의 우리를 만든다는 것입니다.

로마의 공동묘지 입구에는 'Hodie mihi, cras tibi(오늘은 나에게, 내일은 너에게)'라는 문장이 새겨져 있다고 합니다. 오늘은 내가 관을 들고 이곳에 들어오지만 내일은 네가 관으로 들어온다는 뜻입니다. 타인의 죽음을 통해 자신의 죽음을 생각하라는 의미겠지요. 타인의 죽음을 통해 자신의 죽음을 생각한다는 것, 여러분에게 이 말은 어떻게 들리시나요?

죽음은 한 인간에 대해 어떤 식으로든 평가를 받게 하는 사건입니다. 그리고 그 평가는 고인이 그 사람과 맺었던 관계를 드러내는 일이기도 합니다. 우리는 관계라는 거울을 통해 자신을 바라봅니다. 타자와의 관계 속에, 타인의 기억 속에 남습니다. 과연 나는 죽은 후에 사람들에게 어떻게 기억될까요? 이 생각을 하면 두렵기도 하고 난감해지기도 합니다. 내가 죽은 후 장례식장에 모인 사람들은 나에 대해 이런저런 이야기를 나누겠지요. 생전 나의 행위나 말과 관련되어 있는 내 몫도 있을 테고, 나를 기억하는 사람의 몫도 있을 겁니다. 그러나 분명한 것은 '지금-여기'를 살아가는 한 존재인 나는 능동태로서 타인과 관계를 맺고, 내가 만들어가는 삶을 살아간다는 것입니다.

내가 내 삶을 만들어나간다는 것이 무엇인지, 타인과 관계를 맺으며 소통한다는 것이 무엇인지 깨닫고 난 후부터 자주 일기를 쓰거나 메모를 남기게 되었습니다. 기록하는 삶을 통해 스스로 무엇을 생각하고 어떤 말을 하고 싶은지 성찰하는 일이 많아졌습니다. 그러고 보면 삶을 기억하고 기록하는 일은 인간의 본능에 속하는 일인지도 모르겠습니다. 먼 옛날 언어가 없던 시절에도 우리의 선조들이 수많은 동굴에 벽화를 그리며 기억하고 기록했던 것처럼 말입니다.

기억하고 기록하는 일은 삶의 의미와 가치를 복원하고 회복하는 데도 도움이 됩니다. 사는 게 허망하게 느껴질 때, 너무나 큰 위기가 찾아와 감당하기 어려울 때, 어떤 식으로든 기록하는 것을 권하고 싶습니다. 꼭 글이 아니더라도 그림이나 사진 등 자신이 좋아하는 것이라면 뭐든지 좋습니다. 기억하고 기록하는 일은 내 삶의 발자취를 남기는 일입니다. 설령 언젠가 우리 앞에 죽음이 찾아오더라도 내가 남긴 기록은 타인의 기억 속에 남을 테니까요. 그리고 비록 육신은 사라지더라도 그 기억 속에서 그와 나는 소통하게 될 테니까요.

끝으로 가장 힘든 시기에 자신의 사별경험을 아낌없이 내어준 인터뷰어 11명에게 특별한 감사의 인사를 드립니다. 이 과정을 함께해준 생사학 실천마을 연구팀의 정영미 님, 이미영 님, 장미애 님, 장현정 님, 김미경 님, 김도연 님께도 진심으로 존경을 전합니다. 그리고 출판작업을 하면서 가장 많이 노심초사했을 솔트앤씨드의 최소영 대표님과 인현진 마인드페이지 대표님, 열린학교 상담아카데미의 신미영 님, 신선희 님, 전유미 님에게도 고마움과 미안함을 전합니다. 또한 생사학의 든든한 보루이며 영감을 주시는 한림대학교 생사학연구소 박준식 소장님과 유지영 교수님께도 감사의 말씀을 전합니다. 죽음 교육을 위해 애쓰시는 한국죽음교육협회 라제건 이사장님과 이범수 회장님께도 존경의 마음을 드립니다. 감사합니다.

• 강봉희, 『나는 죽음을 돌보는 사람입니다』, 사이드웨이, 2021.
• 공병석, '禮記 喪葬觀의 人文意識', 〈유교사상문화연구〉 20, 2004.
• 구인회, '현대인에게 있어 죽음의 의미와 그 도덕적 문제', 〈철학탐구〉 16, 2004.
• 김광억, '영남인의 성장과 사회화 과정; 문화실천의 공간으로서의 죽음의 의례 – 영남인의 상례와 제사', 〈민속문화논총〉 22, 2000.
• 김훈, 『화장 – 2008년도 제28회 이상문학상 수상작품집』, 문학사상사, 2004.
• 곽혜원, '글로벌 팬데믹 시대 속에서 생사교육의 당위성에 대한 제언', 〈문화와 융합〉 43(2), 2021.
• 권석만, 『삶을 위한 죽음의 심리학』, 학지사, 2019.
• APA, 『정신질환의 진단 및 통계 편람』, 권준수·김재진·남궁기 외 역, 학지사, 2015.
• 권혁란, 『엄마의 죽음은 처음이니까』, 한겨레출판, 2020.

• 데이비드 K. 스윗처, 『모든 상실에 대한 치유, 애도』, 최혜란 역, 학지사, 2011.

• 롭 월러스, 『팬데믹의 현재적 기원』, 구정은 · 이지선 역, 너머북스, 2020.

• 리처드 그로스, 『애도 - 심리학으로 말하다 13』, 양성애 역, 돌배나무, 2022.

• 레프 톨스토이, 『안나 카레니나』, 연진희 역, 민음사, 2019.

• 마크 제롬 월터스, 『에코데믹, 끝나지 않는 전염병』, 이한음 역, 책세상, 2020.

• 박상환, 『라이프니츠와 동양사상 - 비교철학을 통한 공존의 길』, 미크로, 2005.

• 박장순, 『문화콘텐트학 개론』, 커뮤니케이션북스, 2006.

• 베레나 카스트, 『애도, 상실과 마주하고 상실과 더불어 살아가기』, 채기화 역, 궁리, 2015.

• 손제연, '법적 개념으로서의 인간존엄', 서울대학교 박사학위 논문, 2018.

• 신지혜, '팬데믹 시대의 죽음: 미국의 1918년 인플루엔자 대응과 장례', 〈의료사회사연구〉 9, 2022.

• 아리스토텔레스, 『정치학』, 천병희 역, 숲, 2009.

• 안 앙설렘 슈창베르제, 『차마 울지 못한 당신을 위하여』, 허봉금 역, 민음인, 2014.

• 안명숙, '포스트 코로나 뉴노멀에 대한 대중감성 연구: 소셜미디어(SNS) 빅데이터 분석을 통해', 〈The Journal of the Convergence on Culture Technology〉 8, 2022.

• 양준석, 『코로나 시대, 애도문화의 변화연구』, 솔트앤씨드, 2021.

• 어니스트 베커, 『죽음의 부정』, 노승영 역, 한빛비즈, 2019.

• 오진탁, '웰빙을 넘어 웰다잉으로', 〈2014 한국사회복지질적연구학회 추계학술대회 자료집〉, 2014.

• 유발 하라리, 『호모 데우스: 미래의 역사』, 김명주 역, 김영사, 2017.

• 유호종, 『죽음에게 삶을 묻다』, 사피엔스21, 2010.

• 육성필 · 박혜옥 · 김순애, 『애도의 이해와 개입』, 박영스토리, 2019.

• 이경림, '투르게네프의 언덕', 〈문학사상〉, 2020.

• 이나윤 · 강진호, '코로나19 사회적 사태를 경험한 65세 이상 노인들의 정서

적 변화에 대한 현상학적 연구', 〈한국엔터테인먼트산업학회논문지〉 14(6), 2020.

- 이범수, '사십구재와 우란분재에서의 유족심리치료에 관한 연구', 동국대학교 박사학위 논문, 2010.
- 이범수, 「고급 상장례 문화」, 2021.
- 임민경, 『우리는 자살을 모른다』, 들녘, 2020.
- 에픽테토스, 『엥케이리디온 – 내 맘대로 되지 않는 세상에서 살아남고 싶을 때』, 신혜연 역, 이소노미아, 2022.
- 노르베르트 엘리아스, 『죽어가는 자의 고독』, 김수정 역, 문학동네, 2012.
- 엘리자베스 퀴블러 로스, 『죽음과 죽어감』, 이진 역, 이레, 2008.
- 엘리자베스 퀴블러 로스, 『죽음의 순간』, 김진욱 역, 자유문학사, 2000.
- 윌리엄 셰익스피어, 『로미오와 줄리엣』, 최종철 역, 민음사, 2008.
- 윌리엄 페이든, 『비교의 시선으로 바라본 종교의 세계』, 청년사, 2004.
- 장창민 · 최의헌 · 최지영 외, 『자살 유가족 매뉴얼』, 학지사, 2017.
- 장회익, '생명과 인간', 『과학사상』, 범양사, 1997.
- 주디스 버틀러, 『불확실한 삶 – 애도와 폭력의 권력들』, 양효실 역, 경성대학교 출판부, 2008.
- 찰스 A. 코르 · 도나 M 코르, 『현대 생사학 개론』, 한림대학교 생사학연구소 역, 박문사, 2018.
- 천선영, 『죽음을 살다: 우리 시대 죽음의 의미와 담론』, 나남, 2012.
- 최승호, '독일의 코로나 블루와 심리방역', 〈월간 공공정책〉 186, 2021.
- 최혁, '포스트 코로나바이러스 시대의 죽음 이해: 하이데거와 사르트르를 중심으로', 〈철학연구〉 130, 2020.
- 텐도 아라타, 『애도하는 사람』, 권남희 역, 문학동네, 2014.
- 페터 비에리, 『삶의 격』, 문항심 역, 은행나무, 2014.
- 필리프 아리에스, 『죽음의 역사』, 이종민 역, 동문선, 1998.
- 한규량, '코로나19로 변화된 노년의 삶과 죽음', 〈윤리연구〉 133, 2021.
- 홍경자, '자살자 유가족을 위한 애도의 철학상담', 〈철학탐구〉 55, 2019.

- 홍경자 · 박병준 · 김세서리아 외, 『코로나 블루, 철학의 위안』, 지식공작소, 2020.
- 황성일, '유족의 죽음인식 수용방안', 동국대학교 석사학위 논문, 2014.
- 錢穆, 『文化學槪論』, 을유문화사, 1962.
- 중앙방역대책본부 · 중앙사고수습본부(2021), 『코로나바이러스 감염증-19 사망자 장례관리 지침』 제2판.
- 중앙방역대책본부 · 중앙사고수습본부(2022), 『코로나바이러스 감염증-19 사망자 장례관리 지침』 제3판.
- Braun, V. & Clarke, V.(2006), *Using thematic analysis in psychology*, Qualitative research in psychology, 3(2).
- Cicirelli, V. G.(1998), *Personal Meanings of Death in Relation to Fear of Death*, Death Suicide, 22(8).
- Ellen Badone(2020), *From Cruddiness to Catastrophe: COVID-19 and Long-term Care in Ontario*, Medical Anthropology, Vol 40 (389-403).
- Fazio, R. J. & Fazio, L. M.(2005), *Growth through loss: promoting healing and growth in the face of trauma, crisis, and loss*, Journal of Loss and Trauma, 10.
- Florian, V. & Kravetz, S.(1983), *Fear of Personal Death: Attribution, Structure and Relation to Religious Belief*, Journal of Personality and Social Psychology, 44(3).
- Friedman, R. A.(2012), *Grief, Depression, and the DSM-5*, The New England Journal of Medicine, 366, 1855-1857.
- Gillies, J. & Neimeyer, R. A.(2006), *Loss, grief, and the search for significance: toward a model of meaning reconstruction in bereavement*, Journal of Constructivist Psychology, 19.
- Glaser, Barney G. & Anselm L. Strauss(1968), *Time for Dying*, Aldine Pub.

- Klass, D., Silverman, P., & Nickman, S. (Eds.)(1996), *Continuing bonds: New understandings of grief,* Washington. DC: Taylor & Franci.
- Neimeyer, R. A. & Anderson, A.(2002), *Meaning reconstruction theory. In N. Thompson (Ed.),* Loss and grief, New York: Palgrave.
- Prigerson, H. G., Maciejewski, P. K., Reynolds, C. F., Bierhals, A. J., Newsom, J. T., Fasiczka, A., Miller, M.(1995), *Inventory of Complicated Grief: A scale to measure maladaptive symptoms of loss,* Psychiatry Research, 59, 65-79.
- Stroebe, M. S. & Schut, H.(1999), *The dual process model of coping with bereavement: Rationale and description,* Death Studies, 23(3), 197-224.
- Stroebe, M. S. & Stroebe, W.(1987), *The society for the psychological study of social issue - Bereavement on mental health in the elderly,* Psychology and aging, 6(1).
- Tedeschi, R. G. & Calhoun, L. G.(1996), *The posttaumatic growth inventory: Measuring the positive legacy of trauma,* Journal of Traumatic Stress. 9.
- Thalbourne, M. A.(1996), *Belief in Life after Death: Psychological Origins and Influences,* Personality and Individual Differences, 21(6).
- Turner, V.(1967), *The Forest of Symbols, Ithaca,* Cornell University Press.
- Van Gennep, A.(1967), *The Rite of Passage, Chicago,* Chicago University Press.
- Weiss, R. S.(1988), *Loss and Recovery,* Journal of Social Issues, 44(3).
- Worden, J. W.(2002), *Grief counseling and grief therapy: A handbook for the Mental health practitioner,* 3rd ed, New York: Springer Publishing Company.
- '가족과 유리된 죽음' K방역 장례 지침… '선 화장' 개선해야, 〈의협신문〉, 2021.

10. 26. (인터넷 기사: https://www.doctorsnews.co.kr/news/articleView. html?idxno=141598)

• 문상 줄고 가족 중심 추모로 "코로나가 바꾼 장례문화 바람직", 〈한겨레〉, 2021. 3. 17. (인터넷 기사: http://www.hani.co.kr/arti/society/society_ general/987249.html)

• 알기 쉬운 무연고사망자 장례절차, 〈나눔과 나눔〉, (http://goodnanum. or.kr/?page_id=4460)

• "우울하다 못해 화가 난다"… 코로나 블루에서 레드 · 블랙까지, 〈YTN PLUS〉, 2021. 1. 19. (인터넷 기사: https://www.ytn.co.kr/_ ln/0103_202101191110013352)

• 질병청 "코로나 사망자 시신서 감염사례 없어… 장례지침 개정중", 〈연합뉴스〉, 2022. 1. 20. (인터넷 기사: https://www.yna.co.kr/view/ AKR20220120034651001)

• 코로나19 국내 발생 현황, 질병관리청 보도참고자료, 2022. 9. 3. (https://kdca.go.kr/filepath/boardSyview.es?bid=0015&list_ no=720628&seq=1)

• 3일장은커녕 3시간 만에 화장… 염장이가 본 코로나 죽음, 〈조선일보〉, 2020. 12. 19. (인터넷 기사: https://www.chosun.com/national/weekend/ 2020/12/19/ZZLVQUW7EFA4NNFIM7RWIKDR3Y/)

• 76%가 병원 객사… 이제는 '더 나은 죽음' 생각해야, 〈서울신문〉, 2019. 3. 10. (인터넷 기사: https://www.seoul.co.kr/news/newsView.php?id= 20190311005003)

생사학 실천마을

(https://ssmaeul.tistory.com)

생사학 실천마을은 생사학 관련 활동가들이 모여 각자 보유한 지식과 자산을 상호 소통하고 순환하여, 삶과 죽음의 존엄과 의미를 끌어내는 의식 전환을 추구하는 애도 코뮤니타스입니다. 이를 위해 회원간 긴밀한 연대와 협조를 도모하고 생사학 발전을 지원하며 국내외 죽음교육 관련 단체와 교류함으로써 죽음을 삶의 일부로 기꺼이 수용하는 건강한 사회와 공동체 발전에 이바지함을 목적으로 합니다.

2021년 3월 28일 '웰다잉 문화조성 관련 동향에 대한 난상토론'을 중심으로 모임을 시작하였으며 이후 죽음 관련 저자와 만남, '생사학과 죽음교육 기초 및 실제과정'을 운영하고 있으며, 생사문화 관련 스터디와 토론회, '생사문화주간' 운영 등을 통해 생사학을 현장에서 씨를 뿌리고 일구는 작업을 하고 있습니다.

생사학 실천마을은 우선적으로 생사학 활동가 네트워크 활성화를 도모하고 있으며, 더불어 생사학 연구지원과 생사 문화활동 활성화를 위해 크게 3팀으로 모임을 구성하여 운영하고 있습니다.

생사학실천마을은
함께 연구하고 작업하며 실천합니다.

사유와 성찰

연구 Study
- 공동 Study
- 공동연구
- 생사학 아카이브

공유와 확산

실천 Link
- On-Line 공간
- 네트워크운영
- 연대(연구소, 협회)

소통과 케어

작업 Work
- 교육(지역, 학교)
- 애도상담집단
- 프로그램 개발

사유와 성찰을 위한 연구팀에서는 한국적 생사학 정립과 확산을 위한 공동 스터디와 공동연구사업, 자료집 출간과 번역 · 출판사업을 기획 운영하고 있습니다.

공유와 확산을 위한 실천팀에서는 자살예방과 생사문화 실현을 위한 시민문화사업 등을 기획하고 있으며, 관련 단체와의 연대와 네트워크 운영에 힘을 쏟고 있습니다.

소통과 돌봄을 위한 교육팀에서는 생사학 관련 교육과 학교 · 기관 · 지역에서 생사학 강좌사업을 운영하고 있으며 애도 프로그램 집단 개발과 운영을 위한 사업을 기획하고 있습니다.

현재 생사학 실천마을 구성원은 지역에서도 활발히 활동을 하고 있습니다. 소개하면, 생사학 실천마을(양준석 대표), 생사학 아카데미(이지원 소장), 부산 웰다잉문화연구소(오영진 소장), 마음애터 협동조합(양준석 대표), 강원 치유문화센터(김도연 소장), 아주작은상담실 공감(정영미 소장), 행복한 웰다잉연구소(강원남 소장), 웰다잉 포유연구소(이미영 소장) 등이 활동하고 있습니다.